Tempos idos e vividos

Benedicto Valladares

Tempos idos e vividos

Memórias

Rio de Janeiro
2006

COPYRIGHT © Benedicto Valladares, 1967
COPYRIGHT © Helena Valladares e Lúcia Valladares de Pádua, 2006

CAPA
Evelyn Grumach

PROJETO GRÁFICO
Evelyn Grumach e João de Souza Leite

FOTO DO AUTOR
Arquivo Pessoal

CIP-BRASIL. CATALOGAÇÃO-NA-FONTE
SINDICATO NACIONAL DOS EDITORES DE LIVROS, RJ.

V272t
Valladares, Benedicto, 1892-1973
Tempos idos e vividos: memórias / Benedicto Valladares. – Rio de Janeiro: Civilização Brasileira, 2006.

Inclui bibliografia
ISBN 85-200-0760-0

1. Valladares, Benedicto, 1892-1973. 2. Governadores – Minas Gerais – Biografia. 3. Minas Gerais – Política e governo, 1933-1945. 4. Brasil – História – Revolução constitucionalista, 1932. I. Título.

06-1525
CDD – 923.28151
CDU – 929:32(815.1)

Todos os direitos reservados. Proibida a reprodução, armazenamento ou transmissão de partes deste livro, através de quaisquer meios, sem prévia autorização por escrito.

Direitos desta edição adquiridos pela
EDITORA CIVILIZAÇÃO BRASILEIRA
Um selo da
EDITORA RECORD LTDA.
Rua Argentina 171 – 20921-380 – Rio de Janeiro, RJ – Tel.: 2585-2000

PEDIDOS PELO REEMBOLSO POSTAL
Caixa Postal 23.052 – Rio de Janeiro, RJ – 20922-970

Impresso no Brasil
2006

*Dedico este livro a Odette,
minha querida mulher, a quem tanto
admiro por sua alta compreensão humana.*

Sumário

Prefácio *13*

1. A revolução de São Paulo *17*
2. Missão espontânea *19*
3. Chefe de Polícia *21*
4. O teimoso *23*
5. O estouro *25*
6. A ameaça *27*
7. O mal da curiosidade e da afoiteza *29*
8. Notícia falsa *31*
9. O humorismo das trincheiras *33*
10. A armadilha *35*
11. Nervosismo *37*
12. Agora bravura mesmo *39*
13. Túnel Coronel Fulgêncio *41*
14. A volta *43*
15. Novamente no posto *45*
16. Noite inesquecível *47*
17. Terminou a revolução *49*
18. A chave da minha carreira *51*
19. O oferecimento *53*
20. A promessa política *55*
21. Motivo da recusa *57*
22. Outra armadilha *59*
23. Candidato à Constituinte de 1934 *61*

24. A morte do Presidente Olegário Maciel   63
25. A visita   65
26. A missão   67
27. A confirmação   69
28. A resposta   71
29. A mosca azul   73
30. O convite   77
31. O segredo   81
32. Maior de espada   83
33. O acordo   85
34. O rapto   87
35. A posse   89
36. Durou doze   93
37. Linguagem da roça   95
38. Amável demais   97
39. Advogado-geral do estado   99
40. O novo advogado-geral   101
41. Chefe do Estado-Maior da Polícia   103
42. Deposição   105
43. Administração   107
44. Destruir para construir   109
45. A nova construção   111
46. Benemérito da universidade   113
47. A promessa   117
48. A carta   119
49. Candidato do presidente   121
50. A excursão   123
51. Triângulo mineiro   125
52. Será você   127
53. Votava no Valdomiro   129
54. Tudo se modificou   131
55. Não vou não   133

56. A Constituinte mineira *135*
57. Instalação da Assembléia Constituinte e eleição do governador *137*
58. O governo *139*
59. O que não aparece *141*
60. O minuano claro *143*
61. Bom governador *145*
62. Rádio Inconfidência *151*
63. Os pródromos da sucessão *153*
64. As goteiras não tranqüilizaram *155*
65. A prisão gorou *159*
66. Candidatura única *161*
67. Entra em cena o Juracy *163*
68. Conversa de mineiro *165*
69. O voto secreto *167*
70. Excesso de autoridade *169*
71. Guampada de boi manso *171*
72. Ambiente político se tranqüiliza *179*
73. A candidatura *183*
74. Pertencem à história *187*
75. A Convenção *193*
76. Falar ao povo mineiro *197*
77. A campanha *201*
78. Onde está o dinheiro *205*
79. Missão importante *207*
80. *Tertius* *209*
81. As quintas-feiras do Cardoso *213*
82. Entreguei os pontos *215*
83. A data fixada *217*
84. O plano revolucionário *219*
85. Agora é tarde *221*
86. Tem caroço *225*

87. Caiu no mato 227
88. Foi mancada 229
89. Intervenção no Rio Grande 231
90. A coordenação 233
91. 10 de novembro 235
92. A Constituição de 1937 239
93. A generosidade da Assembléia 241
94. Prender, não. Soltar, sim 243
95. Expansão natural 245
96. 15 de novembro 251
97. Minas Tênis Clube 253
98. Coronel Juscelino 255
99. O aniversário do presidente 257
100. Prisão sem grades 261
101. Asas para voar 263
102. Turismo 265
103. O caso do Banco Hipotecário 269
104. Cidade de funcionários 273
105. Dois pesos e duas medidas 277
106. Harmonia 281
107. Tertúlia literária 285
108. Esforço inútil 291
109. O queremismo 293
110. O grito 295
111. São Paulo não decepcionou 297
112. Lançamento da candidatura do General Dutra em São Paulo 301
113. O regresso 305
114. A convenção mineira 311
115. A convenção do Espírito Santo 315
116. A convenção de São Paulo 317
117. Organização do Partido Nacional 321
118. Primeira Convenção Nacional do PSD 323

119. Eleição do Diretório Nacional do PSD *329*
120. A luta política *331*
121. O Golpe de 1945 *337*
122. Meus amigos de Minas *341*
123. Ainda meus amigos de Minas *345*
124. O resto é silêncio *347*

Prefácio

Nestas memórias, sob o título de *Tempos idos e vividos*, Benedicto Valladares conta os episódios mais significativos, ou mesmo mais decisivos, da política de Minas e do Brasil, durante um período de transformações fundamentais. Deles ressalta a verdade, pouco conhecida de muita gente, de que foi ele o autor ou cooperador de eficiência incontestável desses acontecimentos. Essa fase tumultuosa foi a que decorreu depois da Revolução de 30 até a sua consolidação. Ocorreu então o que se tem verificado em todas as revoluções do mundo — elas devoram os revolucionários. Para citar dois exemplos somente, foi o que se verificou com a Revolução Francesa e com a do Comunismo na Rússia.

Qual a razão desse fenômeno? Difícil responder, mas parece que uma frase de Joaquim Nabuco evidencia, pelo menos em parte, explicação razoável. Escreveu ele na biografia de seu pai: "Sem revolucionários não se fazem revoluções, com eles é impossível governar." É que, depois da vitória, todos se julgam donos dela. Além disso, revolução, em regra, elimina um princípio de legitimidade desgastado e não põe outro no lugar. A conseqüência é a ditadura. Eis a lição magistral apresentada por Guilherme Ferrero no livro *O Poder*. A Inglaterra tem feito exceção a tal lei, porque, à medida que ali o princípio hereditário vai se atrofiando, o democrático evolui e se consolida. Ainda outro dia vimos que o partido trabalhista subiu ao governo naquele país e não houve abalo nenhum.

Aqui, depois de 1930, o caso tumultuoso da nomeação de interventor em Minas desatou um dissídio entre os que tomaram parte na revolução. As opiniões se dividiram entre adeptos de Gustavo Capanema e de Virgílio de Melo Franco. Ninguém pensava em Benedicto Valladares, que era recente deputado federal pouco conhecido. Mas também todos se julgavam com direito a ter candidato, menos Getúlio Vargas...

Apesar de ter ligeiro trato com o ditador, este, com a sua acuidade psicológica, descobriu nele os grandes atributos políticos que o distinguem. Até então, unicamente os amigos íntimos o conheciam bem.

Homem introspectivo, dotado de inclinação atávica para a vida pública, gostando mais de ouvir do que falar, possuindo a ciência de ler na palavra e na atitude dos semelhantes, Valladares se reserva sempre para a ação decisiva, depois de preparar silenciosamente o terreno para isso. É desconfiado mas não persevera na desconfiança, uma vez que procura conferi-la com a realidade. Dentro de tal conformação, é dotado de capacidade de ação sem o parecer. Os que o imaginam tímido enganam-se — é criatura de coragem física e cívica indomável, na hora própria.

Quem não acredita nele, quer como político, quer como escritor, não há dúvida de que é observador superficial ou então apaixonado. A verdade é que, desde os tempos da mocidade, teve estas duas vocações — a literatura e a política. E foi ele sozinho, pobre, a lutar com as maiores dificuldades, que abriu caminho na vida. Os homens que o ampararam o fizeram porque, já formado em Direito, precisaram dele ou o compreenderam, como o presidente Olegário Maciel, o General Barcelos e Getúlio Vargas.

Outra feição atraente de Valladares. Ao contrário dos políticos em geral, não tem prevenção com intelectuais. Quando interventor e depois governador de Minas, sempre se cercou de homens de inteligência e cultura. E dava-lhes apreço.

Distinguiu-se também pela gratidão e sabe premiar a quem o tenha valido ou lhe tenha mostrado amizade em qualquer emergência da vida. Estão aí como prova Ovídio de Abreu, Orosimbo Nonato, Milton Campos e muitos outros. Convocou, quando governo, os companheiros de turma na Academia chegados a ele. E tem mais uma coisa rara — todos são leais a ele, com as diferenças naturais do temperamento de cada um.

Na apreciação de sua personalidade, quem o conhece de perto ou de longa data é obrigado a frisar uma verdade insólita na aparência — é mais artista do que político, se bem que a atividade política o tenha absorvido de modo dominante. Para documentá-la, a esta verdade, basta relatar alguns fatos expressivos. Em meio de lutas partidárias às vezes dramáticas, Valladares se engolfava na leitura de Machado de Assis, Eça de Queiroz, Balzac ou de outros escritores de tomo, olvidando por completo a refrega em que se achasse envolvido. Dominado por uma idéia, é superior a relógios. Quantas e quantas vezes, a horas mortas, me chamava pelo telefone. Ia às pressas. Era para ler para mim uma página que o havia empolgado. Pela importância que dava a homens de letras é que Agripino Grieco, o terrível satírico, Olegário Mariano e outros sempre demonstraram afeto por ele.

Estas memórias, que me despertam tais recordações, foram escritas sob a atmosfera de agitações intensas, pondo em relevo mais uma prova de sua inclinação literária. São páginas francas. Prendem a atenção pelo estilo simples e de bom gosto, e ainda pela eloqüência dos fatos. Memórias escritas com opiniões e frases podem agradar, não se nega, mas não convencem. Aqui, o memorialista conta acontecimentos e atitudes das pessoas que neles tomaram parte. O escritor não comenta, deixando a conclusão para o leitor. Tal apelo à colaboração de quem lê torna-o partícipe, ou melhor, juiz dos eventos. É um modo humano de atrair ou seduzir. As personagens que aparecem em cena definem-se como se fossem atores no desempenho de seu papel. É certo, pois, que a eloqüência emocionante não está na asserção e sim na ação que se descreve. É uma originalidade que se colhe destas memórias.

Por outro lado, Valladares sempre foi cioso da verdade, do termo próprio e da simplicidade na maneira de escrever, boa norma literária. Não gosta da palavra rebuscada ou desusada, ainda quando possa caber no assunto. Adota, em regra, o vocábulo corrente, desde que seja correto.

Por todos esses motivos, suas páginas são agradáveis na leitura, como também quanto à instrução de episódios que abalaram a Nação, os quais permanecem, em muita parte, desconhecidos em seus aspectos mais importantes.

Acreditamos que constituirão *best-seller*, provocando discussão e celeuma. O que nos parece, no entanto, é que não poderão ser contraditadas.

O autor teria muita coisa ainda que dizer, ao encerrar seu depoimento histórico. Não quis. Fez bem? Fez mal? Não sabemos. Seria bom que prolongasse suas memórias, porque tomou parte saliente em muitos acontecimentos posteriores aos que narra com imparcialidade e justiça. Acha, porém, que o resto deve ser silêncio. Talvez que algum dia rompa tal mutismo, à vista do êxito que estas memórias vão alcançar.

Tomara que sim.

Mário Matos

1
A revolução de São Paulo

Na manhã de 9 de julho de 1932 fui surpreendido pela moça de servir, que me levava o café ao quarto, no Hotel Sul-Americano, em Belo Horizonte, com esta notícia:
— O salão está cheio de oficiais do Exército, tem até general.
— Que é que há?
— Não sei, vi falar que é guerra.
Aprontei-me às pressas e desci.
Tive a surpresa de encontrar meu concunhado, Capitão Ernesto Dornelles, que me apresentou ao Coronel Christóvão Barcelos, Tenente-Coronel Elias Cintra, Capitão Delso da Fonseca, Capitão Pélio Ramalho e Tenente Rui de Almeida, e me pôs a par do que se passava.
Havia deflagrado uma revolução em São Paulo para depor o Presidente Getúlio Vargas, e Minas estava sendo invadida pelo sul.
O Coronel Barcelos viera a Belo Horizonte com o objetivo de propor ao Governo do Estado comandar a força policial para a resistência na Serra da Mantiqueira.
Infelizmente, até aquele momento o governo não havia tomado a presença do Coronel Barcelos na devida consideração.

2
Missão espontânea

Declarei ao Capitão Dornelles que minhas relações com o secretário do Interior, Gustavo Capanema, e com o Presidente Olegário Maciel me habilitavam a saber o que sucedia.

Encontrei Gustavo Capanema na Secretaria do Interior conversando pelo telefone interurbano com Virgílio de Mello Franco. Pelo que dizia o Capanema, cheguei à conclusão de que o governo ainda estava indeciso sobre a atitude a tomar na revolução.

Falei-lhe sobre a missão do Coronel Barcelos, e, como não lograsse qualquer solução, dirigi-me ao Palácio da Liberdade.

Relatei os acontecimentos ao presidente, realçando que notara certo constrangimento do Coronel Barcelos com a fria recepção que lhe era feita. Em vista disso, havia procurado Capanema, mas encontrara-o meio perplexo, sem nada resolver.

O presidente incumbiu o ajudante-de-ordens Coronel Feliciano Ferreira de Andrade de visitar o Coronel Barcelos, pôr um oficial às suas ordens e automóvel à disposição. Ao mesmo tempo mandou chamar o secretário do Interior.

Voltei ao hotel e dei conta ao Capitão Dornelles dos resultados de minha interferência.

Daí a pouco chegava o Coronel Feliciano, e, mais tarde, o Coronel Marques, chefe do Estado-Maior, bem como os comandantes dos batalhões. Decidiu-se que a Força Pública seguiria sob o comando do Coronel Barcelos para Passa Quatro, a fim de substituir a tropa do Exército que opunha resistência à invasão dos paulistas.

3
Chefe de Polícia

Em razão do serviço que prestara, ou por qualquer outro motivo, o Coronel Barcelos convidou-me a seguir com o seu Estado-Maior para o teatro das operações.

Providenciei a ida de minha mulher e das crianças de Pará de Minas, onde era prefeito, para a casa de meu sogro, no Rio, e embarquei no trem especial que conduzia o comando militar a Passa Quatro.

Quando o trem atravessava o Rio Paraopeba, nas divisas de meu município, o Coronel Barcelos levantou-se e, com voz de comando, ordenou:

— Todos de pé. Nomeio o Dr. Benedicto Valladares chefe de polícia do meu destacamento.

Estava iniciada a minha ascensão na carreira política. Nem todos sabem que o cargo de chefe de polícia nas revoluções é muito importante. De sua atuação depende a tranqüilidade das tropas que estão na frente de combate e da população civil na zona conflagrada.

Da revolução vou narrar apenas alguns episódios, a conta de seu pitoresco ou porque tenham influído na vida de alguns homens públicos deste país.

4
O teimoso

Ao chegarmos a Passa Quatro fui em companhia do Capitão Dornelles ver a batalha que se travava no Túnel, entre o 4º Regimento de Cavalaria de Três Corações, que a Polícia Mineira deveria substituir, e as forças paulistas. O Capitão Dornelles, na sua condição de chefe da Seção de Tática do Estado-Maior; eu, na de simples curioso.

Subindo a Mantiqueira, encontramos um oficial parado na estrada. O Capitão Dornelles interrogou-o sobre o motivo de sua presença ali. Respondeu:

— Estou esperando o Coronel morrer. Aquela curva está sendo visada por uma metralhadora e ele não quer sair de lá.

O teimoso era o Coronel Eurico Gaspar Dutra, comandante do 4º Regimento de Cavalaria de Três Corações.

Esta teimosia de soldado, que coloca a causa que defende acima da própria existência, tornou-o ministro da Guerra e presidente da República.

5
O estouro

No dia mesmo em que chegamos ao túnel, o Coronel Leri dos Santos quis que o 7º Batalhão da Polícia mineira substituísse o 4º Regimento de Cavalaria do Exército. O Capitão Ernesto Dornelles discordou:
— Não se substitui tropa durante o dia.
O Coronel Leri insistiu e o comandante afinal acedeu.
Os soldados do 4º Regimento, vendo a Força Pública subir, começaram a deixar as trincheiras. Os paulistas avançaram num fogo cerrado de metralhadoras. Houve, então, o que se chama na gíria militar o estouro.
Os soldados retrocederam, em correria, cada qual procurando abrigar-se.
Os oficiais, de revólver em punho, tentavam detê-los. Lembro-me bem do Coronel Fulgêncio e do Tenente Saraiva.
O Coronel Fulgêncio gritava:
— A Polícia Mineira não foge!...
O Coronel Barcelos punha a mão na cabeça, nervoso:
— A Polícia não quer combater.
Daí a pouco, entretanto, recebeu recado do Coronel Leri dos Santos, que havia conseguido conter a tropa:
— Dentro de vinte minutos ocuparemos as posições.
E assim aconteceu.
Um oficial, Tenente Reinaldo Montalvão, avançou tanto que ficou junto aos paulistas, tornando-se difícil levar-lhe abastecimento.

6
A ameaça

Chegou ao meu conhecimento haver um oficial inferior, intendente, aberto malas que viajantes em fuga largaram na estação da estrada de ferro. Não tive dúvida, prendi o oficial e comuniquei ao Coronel Barcelos, que manteve o meu ato.

No dia seguinte, fui almoçar no Hotel Glória de camisa cáqui e com um revólver 45 na cintura. Atravessei a sala e sentei-me próximo à mesa em que estavam alguns oficiais do Exército.

Depois do almoço, quando saía, alguém me chamou:

— Valladares, preciso falar-lhe.

Era o Capitão-Médico Juscelino Kubitschek de Oliveira, em companhia de seu colega, o Tenente Bayard Lucas de Lima. Até então eu não os conhecia.

Já na rua, disse-me Juscelino:

— Antes de você entrar na sala um oficial ameaçava dar-lhe um tiro na boca, pois não podia admitir que paisano prendesse oficiais. Achamos muita graça porque você, casualmente, foi sentar-se perto dele, que se calou.

Agradecido pela informação, continuei a conversar com os dois e daí em diante ficamos inseparáveis. A todo momento de folga estávamos juntos, fazendo parte também do nosso grupo o saudoso Padre Alfredo Kobal, que antes de se ordenar fora oficial do Exército austríaco e participara da Grande Guerra.

O Capitão Juscelino e o Tenente Bayard operando os feridos no hospital; o Padre Kobal animando os soldados na frente, corrigindo a posição das metralhadoras, aconselhando a atirar sem ódio, e, às vezes, carregando os feridos; eu na vigilância, a que procurava dar o cunho de discrição e eficiência, para que o comando não tivesse preocupações com a retaguarda.

7
O mal da curiosidade e da afoiteza

As armas que mais interesse despertam no civil são os aviões e as da artilharia.

No Túnel não havia aviação, mas tínhamos artilharia. O prefeito de Passa Quatro ia sempre ver a artilharia funcionar.

O Comandante, Capitão Jayme de Almeida, grande oficial, e por isso mesmo desconfiado, admitiu a hipótese de estar o prefeito transmitindo aos paulistas a posição de suas peças.

Coube-me, como chefe de polícia, elucidar o caso. Cheguei à conclusão de que podia o prefeito, goiano curioso, ter vaga simpatia à causa dos paulistas. De nenhum modo, porém, estaria interferindo na revolução. Levei o resultado de minhas observações ao Coronel Barcelos, que concordou comigo, e penso deve ter tranqüilizado o comandante da Artilharia.

Chegou a Passa Quatro um batalhão de provisórios fluminenses, comandado pelo bravo militar Coronel Gweir de Azevedo.

Alta madrugada, fui acordado por um sargento, que me comunicou terem dois oficiais comissionados, cujos nomes não guardei, prendido num restaurante, sem motivo, alguns rapazes. Vesti-me às pressas e saí com o sargento.

Já encontrei os oficiais na rua com os rapazes presos. Diante destes, meus conhecidos, vi logo que se tratava de violência.

— Com ordem de quem os senhores prenderam estes rapazes?
— Por nossa conta.
— Aqui há autoridade incumbida do policiamento, sou chefe de polícia do Destacamento Barcelos. Os senhores vão-me acompanhar à presença de seu comandante.

Chegando ao hotel acordei o Coronel Gweir, que passou uma reprimenda nos oficiais.

— Os senhores vieram aqui para combater e não para se intrometer no que não é de suas atribuições. Amanhã vão entrar em fogo e terão ensejo de dar mostra à sua valentia.

Despedi-me do comandante, encantado. Mandei os moços para casa e voltei ao leito convencido de que, com aqueles oficiais, o Coronel Gweir iria ter dificuldades no seu comando.

8
Notícia falsa

Um dia fui chamado pelo Coronel Barcelos, que determinou a minha ida a Itajubá a fim de verificar o que havia de verdade sobre a notícia de estarem o Presidente Wenceslau Braz e o Dr. Theodomiro Santiago dando informações aos paulistas, que poderiam nos atacar pela retaguarda.

Entregou-me uma carta de apresentação ao Coronel Eugênio Trompowsky Taulois.

Ao sair do gabinete do Coronel Barcelos fui chamado pelo Tenente Rui de Almeida, que disse precisar falar-me e me conduziu a seu apartamento, onde se encontravam alguns oficiais. Aconselhou-me a prender o Presidente Wenceslau. Achei a sugestão absurda, mas, sem nada responder, rumei para Itajubá, levando como assistente o Tenente da Polícia Lourival Silveira.

Introduzido no gabinete pelo Capitão Clodoaldo Barros da Fonseca, conversei com o Coronel Trompowsky, que esclareceu não ter a notícia qualquer fundamento.

Procurei colher informes em outras fontes, chegando ao mesmo resultado. Tudo não passava de boato, que prospera tanto em ocasiões anormais, atoardas difundidas talvez com o intuito de agradar as Forças

Armadas à custa da reputação de quem nem de leve pode ser suspeitado, mas cuja elevada posição serve para fazer avultar o escândalo.

Ao regressar, transmiti estas informações ao Coronel Barcelos, que me revelou não ter dado crédito à notícia; resolvera enviar-me a Itajubá para satisfazer aos tenentes.

9
O humorismo das trincheiras

Chegou ao Túnel, em visita ou por qualquer outro motivo, o chefe de polícia do governo Vargas, Tenente Filinto Müller.

Em companhia de oficiais que o levavam para ver a frente, subimos as serras íngremes da Mantiqueira. Quando estávamos já bem no alto, apontei para outra elevação maior, do lado oposto:

— Há um trem lá!...

— Trem?! — perguntou admirado o chefe de polícia.

— *Trem* em Minas é qualquer coisa, tenente.

Ele deu a boa gargalhada própria da quadra fugaz da mocidade. Hoje, general, político prestigiado, às vezes ainda ri no Senado da República, não porém com a desenvoltura do *bon vieux temps*, do qual, com certeza, guarda saudades.

As trincheiras dos adversários davam grande preocupação aos nossos combatentes, que estavam sempre, olhos de lince, procurando desvendar o que se achava dentro delas. Certa feita, o Capitão Zacharias de Assumpção apontava com o dedo uma trincheira, que lhe castigou o gesto, ferindo-lhe à bala o indicador.

Talvez tenha dado sorte, pois hoje é marechal e senador da República pelo estado do Pará.

10

A armadilha

Um dia estava na sala do telégrafo da estação da estrada de ferro, em companhia do Capitão Pélio Ramalho, que se comunicava com o governo de Minas, quando recebi a seguinte mensagem, assinada por um oficial de gabinete:

> PRESIDENTE MANDA DIZER QUE SEU LUGAR É NA PREFEITURA DE PARÁ DE MINAS.

Tomei de um papel e redigi este telegrama:

> PRESIDENTE OLEGÁRIO MACIEL. PEÇO EXONERAÇÃO DO CARGO DE PREFEITO DE PARÁ DE MINAS.

O Capitão Ramalho, vendo-me preocupado, indagou:
— Que aconteceu?
Entreguei-lhe os telegramas. Leu-os e saiu às pressas, dizendo:
— Espere aí.
Retornou logo depois com um telegrama do Coronel Barcelos ao Presidente Olegário, declarando ser minha presença absolutamente necessária ao seu Destacamento.

A resposta do presidente não se fez esperar, pois o telégrafo estava em comunicação direta com o Palácio da Liberdade:

O DOUTOR BENEDICTO VALLADARES PODE FICAR O TEMPO QUE FOR NECESSÁRIO.

Estava desmanchada a primeira armadilha. Mas virão outras; a maldade não desanima.

11
Nervosismo

Certa tarde descia a Serra do Itaguaré, em companhia do Padre Kobal, que levava um pipote de cachaça para ser repartido parcamente entre os soldados, pois o frio andava na casa do zero. Fomos surpreendidos por tiros de uma metrabalhadora instalada no cafezal, no alto do morro.

Padre Kobal gritou:

— Deita...

Atirei-me ao chão e fiquei zonzo, ouvindo o zumbir das balas. Um cabo da polícia foi atingido a poucos metros de distância.

Eu ria sem parar.

Comandados por Padre Kobal, arrastamo-nos alguns metros pela serra acima e afinal alcançamos o alto.

Padre Kobal disse-me ter admirado minha coragem na hora do perigo.

— Não, padre, aquilo foi nervosismo.

12
Agora bravura mesmo

À noite apareceu em Passa Quatro o Coronel José Vargas, pedindo que o levasse à presença do Coronel Barcelos.

Recebido imediatamente, comunicou que iria no outro dia tomar o cafezal, no alto do Morro do Batedor, a baioneta calada, pois não podia mais suportar os paulistas naquela posição, caçando os seus soldados.

O Coronel Barcelos ponderou que não valia a pena fazer isso, pois iria sacrificar muita gente.

— Sim, respondeu o Coronel José Vargas — posso até ser um deles, pois vou à frente dos meus soldados; mas, o comandante vai me perdoar, não devo de forma alguma abrir mão de tomar o cafezal.

Em vista dessa atitude firme, o Coronel Barcelos acabou cedendo.

No outro dia o Coronel Vargas, diante da companhia de um dos batalhões, adrede posto em fila, disse que necessitava de soldados para uma missão arriscada, tomar o cafezal a baioneta calada. Iria na frente com o seu fuzil. Ninguém era obrigado a acompanhá-lo, pois queria soldados dispostos a expor-se pelo bem de todos, por espontânea vontade. Os que estivessem de acordo dessem um passo à frente. Toda a companhia, sem discrepância de um soldado, avançou.

Nesse mesmo dia foi o cafezal tomado, com algumas baixas nossas e do adversário.

Fizemos mais de cinqüenta prisioneiros que, com emoção, ajudei a interrogar, pois nada é mais triste do que a luta armada entre irmãos. Lá vi, comovido, um adolescente, quase criança, de seus dezessete anos presumíveis, com a fisionomia tranqüila dos inocentes e os olhos cerrados para sempre.

Soube dos prisioneiros que fora morto, do outro lado, no estado do Rio, o Major Manoel de Freitas Novaes, casado com irmã de minha sogra.

13
Túnel Coronel Fulgêncio

Três dias depois estava tomado o setor do Túnel que hoje se denomina, com justiça, Coronel Fulgêncio; sacrificado na revolução de 1932, deixou inapagável tradição de destemor e bravura.

A esse respeito relembro uma de minhas primeiras impressões. Ainda não havíamos chegado ao campo da luta. Em um carro da via férrea, em Lavras, oficiais da Força Pública acercaram-se do Coronel Barcelos a fim de ouvir a palavra do comandante. Um deles despertou-me a atenção. Era homem de tez bronzeada, fisionomia dura que denunciava a origem indígena. Chamou-me a atenção justamente o modo como ouvia o Coronel Barcelos, querendo penetrar o íntimo do pensamento de seu comandante. Olhar fixo, rugas vincadas na testa, bebia as palavras sem nada objetar. Era um soldado que desejava receber ordens bem claras para serem cumpridas ainda à custa dos maiores sacrifícios. Causou-me tal impressão aquele oficial, que perguntei a um dos presentes quem era. Soube, então, que se tratava do Coronel Fulgêncio de Souza Santos.

Foi dos primeiros a entrar na luta. Sua bravura pessoal, que chegava aos lindes da temeridade, levou-o até à honra de, como soldado, morrer no cumprimento do dever. Assisti aos derradeiros momentos desse bravo militar, que veio da frente, até certa distância, nos braços possantes do Padre Kobal. Muitos companheiros seus se achavam presentes no hospital, dentre os quais o Coronel Leri dos Santos, comandante da brigada.

Em abono dos sentimentos elevados de todos, orgulho-me da escrever que nem naquele momento angustioso, propício a explosões de revolta, se ouviu dos que se empenhavam na luta uma palavra de ódio ou mesmo de ressentimento contra os adversários.

14
A volta

Devendo viajar no dia seguinte para Belo Horizonte, de automóvel até ao Rio, em companhia dos Coronéis José Vargas e Anísio Fróes, procurei o General Barcelos para me despedir. Este disse-me que, apesar de ir comandar na frente de Campinas somente tropa do Exército, desejava que eu permanecesse no meu posto.

Respondi que ficava muito grato pelo convite, mas que a minha aquiescência dependeria de uma conversa com o Presidente Olegário Maciel.

Em Belo Horizonte, fiz ao Presidente um relato dos acontecimentos no Sul, realçando a bravura da Polícia Mineira. Mencionei o convite do General Barcelos para que eu continuasse no seu destacamento. Mas como ele ia comandar somente tropas do Exército, talvez não fosse necessário. Eu poderia reassumir a Prefeitura de Pará de Minas, se o presidente achasse preferível.

— Não. Continue com o Barcelos até o fim da revolução. Antes, porém, vá a Pará de Minas limpar a retaguarda, pois lhe andaram fazendo traição.

15
Novamente no posto

Envergando o uniforme de capitão da Polícia Mineira, voltei ao meu posto no Destacamento Barcelos, já agora na frente de Campinas, tendo antes ido a Pará de Minas, como sugerira o presidente.

Substituí o secretário e o diretor de obras da Prefeitura e pratiquei uma violência da qual hoje me penitencio.

Havendo os investigadores que me acompanhavam informado que num restaurante um cidadão difamava o Presidente Olegário Maciel, mandei recolhê-lo à cadeia. Verifiquei depois que se tratava de pessoa conceituada, de uma das mais distintas famílias do lugar.

O vigário e o chefe político da oposição foram a minha casa solicitar a sua liberdade. Em exaltação revolucionária, declarei que não atendia, porque na frente morriam soldados e eu não podia admitir que na retaguarda procurassem atingir o nome do presidente do Estado.

Na hora da partida, voltei atrás e mandei soltar o moço.

Passando por Mogi-Guaçu, Mogi-Mirim e Itapira, atingimos a Estação de Carlos Gomes. Alojávamo-nos nos vagões e tínhamos os aviões sempre nos compelindo a procurar abrigo.

Corria à nossa frente um preto velho, guarda-chave da estação, que ficava branco de medo.

Notei que na revolução a arma que mais receio produzia nos paisanos era o avião.

Felizmente, não nos demoramos na Estação de Carlos Gomes.

16
Noite inesquecível

Uma noite fomos informados de que havia soldados abandonando posições, e o nosso destacamento poderia ser envolvido.

Saímos com o Capitão Dornelles e fomos para a frente.

O capitão manifestou desejo de ir só e nos largou numa elevação no meio do campo limpo. Daí a pouco chegava a notícia de que estávamos avançando.

Aquela noite foi de inesquecível emoção. Caía uma chuva miúda, o céu relampagueava, o ribombo dos trovões sincronizava com o fragor da metralha e o troar dos canhões.

17
Terminou a revolução

De madrugada voltamos ao leito no carro da estrada de ferro, mais mortos que vivos.

Às seis horas fomos acordados com a alvissareira notícia de que havia terminado a revolução. Eu estava sendo chamado pelo General Barcelos, que determinou minha ida imediata a Campinas a fim de garantir as propriedades, pois a cidade começava a ser saqueada, conforme acabava de lhe informar a comissão composta do presidente da Associação Comercial, Francisco Moutinho de Castro; dos representantes do Senhor Bispo Diocesano Dom Francisco de Campos Barreto, Monsenhor Luiz Gonzaga de Almeida Moura e João Alexandre Loschi; e do vice-cônsul da Itália, Germano Castellani, ali presentes.

Segui com a comissão para Campinas. Íamos acompanhados por dois caminhões com inferiores e soldados.

Já perto da cidade encontramos numa bomba de gasolina o General Paes de Andrade, que nos perguntou o que estávamos fazendo. Dei-lhe conta da missão de que me incumbira o General Barcelos.

— Não precisa, eu vou.
— Devo voltar?
— Não, passe para meu automóvel e vamos juntos.

Rumamos para a Prefeitura de Campinas.

Daí a pouco descia o General Barcelos à frente da tropa. Foi recebido com manifestações do povo e fez discurso. Nomeou o Tenente-Coronel Elias Coelho Cintra prefeito-militar de Campinas e o Major Jonas Correia, delegado de polícia.

No mesmo dia, de acordo com o General Christóvão Barcelos, o General Arnaldo Paes de Andrade, em nome do Governo Federal, depois de ouvir diversas correntes de opinião, nomeou prefeito-civil o Dr. Alberto Cerqueira Lima, que recebeu o cargo do Tenente-Coronel Elias Coelho Cintra.

E está encerrado o capítulo da revolução de São Paulo. O mais são pormenores que não vale a pena narrar. Ela fez muitas vítimas, desorganizou a economia do país, mas concorreu para abreviar-lhe a constitucionalização e influiu na carreira de muitos homens públicos.

18
A chave da minha carreira

Dias depois, já no Rio, fui em companhia do Capitão Dornelles almoçar em casa do General Barcelos. Tive a honra de conhecer sua senhora e filhas, às quais se referia com tanto carinho nos dias sombrios da revolução.

Terminado o almoço, passamos, somente os homens, ao seu gabinete de trabalho. O general me entregou uma carta, recomendando que a lesse. A carta era a expressão exata de sua alma exuberante e generosa. Atribuía grande parte do êxito feliz de seu comando à minha atuação como chefe de polícia; tinha-lhe dado tranqüilidade para poder comandar a frente. Esta carta deveria ser transcrita aqui, pois foi a chave de minha carreira política, como terei ocasião de narrar. Acontece, porém, que desapareceu nos papéis do Palácio da Liberdade e até hoje não tive a sorte de encontrá-la.

Inúmeras pessoas, entretanto, a leram, pois eu tinha orgulho em mostrá-la.

19
O oferecimento

Permaneci alguns dias no Rio antes de voltar a Minas. Sem qualquer motivo especial, telegrafei ao presidente solicitando uma audiência. A resposta veio logo.

Recebido no Palácio do Catete, S. Exa. conversou comigo sobre a revolução, deixando transparecer que sabia de quantos andaram por lá voluntariamente na defesa de seu governo. Afirmou que São Paulo não tinha necessidade de ter tomado atitude revolucionária, pois há muito estava deliberado a marcar as eleições, o que se daria dentro em breve.

Como estivesse muito contente com a carta do General Barcelos, mostrei-a ao presidente. Leu-a, vagarosamente, e ma devolveu.

Pediu de novo a carta. Releu-a, andando de um lado para outro, e finalmente ma entregou, com a seguinte pergunta:

— O senhor quer vir para o Rio?

— Minha mulher é carioca e naturalmente deseja voltar para cá; mas o senhor assevera que vai haver eleição, e, sendo eu político e amigo do Presidente Olegário Maciel, talvez ele necessite de mim. É mera presunção; todos nos julgamos sempre necessários.

— Pois bem, consulte o Presidente Olegário e, se ele estiver de acordo, terei o prazer de assinar sua nomeação para um alto cargo aqui no Rio.

Agradeci e, com a declaração de que lhe escreveria a respeito, despedi-me.

20
A promessa política

Regressei com minha família a Pará de Minas. Em Belo Horizonte falei ao Presidente Olegário sobre o convite que me fizera Getúlio Vargas.

— Não aceite, não; vou mandar incluir seu nome na chapa para deputado federal. Guarde reserva.

Saí da audiência eufórico; era moço e tinha aspirações políticas, sendo chefe do partido que, na minha terra, dera vitória a Getúlio Vargas, nas eleições a que concorreu com Júlio Prestes para a Presidência. E o único que, na revolução de 1930, tomara a prefeitura do município por iniciativa própria e depois fora confirmado no cargo.

Cometi a indiscrição de dar conhecimento da promessa do presidente ao secretário do Interior, Gustavo Capanema, e ao meu velho amigo Ozório Maciel, a quem nesta oportunidade rendo o preito de minha saudade.

21
Motivo da recusa

Fui recebido em Pará de Minas com excepcional manifestação pública. As divergências políticas achavam-se esquecidas e o povo compareceu em massa à estação da estrada de ferro. O Exército estava representado na pessoa do Tenente Macedo Linhares; a Polícia, pelo Tenente Lourival Silveira. Em minha companhia haviam seguido também Leopoldo Maciel e J. Guimarães Menegale.

Logo que as festas acabaram e os hóspedes regressaram a Belo Horizonte, escrevi ao Presidente Getúlio Vargas narrando minha audiência com o Presidente Olegário Maciel e agradecendo o lugar que me havia oferecido.

22
Outra armadilha

Estava em Belo Horizonte quando soube que o ministro da Educação partia à tarde de regresso ao Rio.

Fui ao seu embarque e lá encontrei o oficial de gabinete do presidente que indagou:

— Onde é que você se meteu? O ministro quer falar-lhe. Procurei-o por toda parte e não o encontrei. Toma o trem e vai com ele até o Barreiro. Mandarei o automóvel apanhá-lo.

Logo que o trem se pôs em movimento, o ministro mandou chamar-me à cabine:

— Estive trabalhando por você. Consegui do presidente sua indicação para deputado. Mas é necessário que você lhe escreva dizendo que aceita. Vai ser muito bom porque os deputados estaduais vão ganhar tanto quanto os federais.

— Não quero, não me interessa ser deputado estadual.

— Então fique calado e não diga nada ao presidente. Vamos ver o que se pode conseguir.

Narrei o fato ao Ozório Maciel, que logo conjecturou:

— Isto é arrumação do ministro e do seu amigo. Fizeram a mesma coisa com o Nestor Fóscolo. Sua candidatura a deputado federal está absolutamente garantida. Sempre que se oferece oportunidade o presidente fala nisto.

23
Candidato à Constituinte de 1934

O diretório do Partido Progressista reuniu-se em Juiz de Fora, sob a presidência de Antônio Carlos, e organizou a chapa de seus candidatos à Constituinte de 1934. Por indicação do Presidente Olegário Maciel constavam dela João Jacques Montandon, Adélio Maciel, Gabriel Passos, José Maria Alkmin e Benedito Valladares.

O Presidente Antônio Carlos designou, como era de praxe, os municípios para os candidatos serem votados.

Dando um balanço nos que me couberam, dentre os quais Viçosa, terra do Presidente Arthur Bernardes, cheguei à conclusão de que só seria eleito se tivesse a quase totalidade da votação de Pará de Minas, minha terra natal.

O município estava dividido, em luta extremada, sendo eu chefe da facção que havia vencido por pequena margem as últimas eleições. Procurei o Padre José Pereira Coelho, sacerdote respeitado, geralmente benquisto e de grande prestígio eleitoral, e lhe comuniquei minha inclusão na chapa do partido que apoiava o governo. Acrescentei que chegara a oportunidade de nosso município, tão relegado ao abandono, ter um representante que cuidasse de seus interesses. Entretanto, só seria eleito se fosse votado por todos.

Respondeu-me Padre Zeca, com alvoroço, que assim teria de ser. A oportunidade me coubera, era filho do lugar, e nenhum paraense poderia deixar de me dar o voto; que iria tomar as necessárias providências.

E o resultado foi que o povo de Pará de Minas, orientado pelo seu vigário, dando uma demonstração de que colocava os interesses do município acima das divergências partidárias, votou em mim, concorrendo de maneira decisiva para minha vitória, pois fui o derradeiro na lista dos eleitos, vencendo por menos de duzentos votos.

24
A morte do Presidente Olegário Maciel

Estava em Belo Horizonte acompanhando a apuração das eleições quando o Presidente Olegário faleceu. Foi um choque tremendo, pois, além de o estimar muito, ficara desarvorado, sem chefe ou guia tão necessário aos moços na vida pública. Arthur Bernardes estava do outro lado, Antônio Carlos tinha os seus preferidos. Os novos se engalfinhavam na competição política e, exceto Octacílio Negrão de Lima, não demonstravam por mim grande consideração.

O ambiente do Palácio da Liberdade era desanimador naqueles dias. Só se viam ambições descontroladas em peleja surda e irrefreável. Resolvi transferir-me para o Rio, pois iam começar as sessões preparatórias da Câmara, e o manancial de onde corria a política mineira mudara-se para lá.

Aluguei apartamento na Rua Bambina 22, onde fui morar com minha mulher e as duas crianças. Tão logo me instalara, telegrafei ao Presidente Getúlio Vargas solicitando uma audiência, imediatamente concedida.

25
A visita

Quando ingressei no salão de audiências do Palácio do Catete o Presidente Getúlio recebeu-me com expansão de contentamento:

— Então o meu amigo já está deputado?...

— Sim, presidente, fui eleito e venho fazer-lhe uma visita para dizer que o senhor tem toda a bancada mineira ao seu lado, mas, se não a tivesse, contaria pelo menos com um deputado, que sou eu. Havendo falecido o Presidente Olegário Maciel, fiquei sem compromissos e meu chefe agora vai ser o senhor.

O presidente agradeceu e perguntou:

— Quem o senhor acha que devo nomear interventor em Minas, Gustavo Capanema ou Virgílio de Mello Franco?

— O senhor perguntando assim, vejo-me obrigado a responder, embora minha opinião pouco valha. Acho que o senhor deve nomear Gustavo Capanema, por ter sido secretário do Presidente Olegário Maciel. O senhor precisa da bancada federal e ela é quase toda da política do finado presidente.

— Pois bem, quer-me fazer um obséquio? Vá a Belo Horizonte e diga ao Capanema para governar o estado, pois estou em dificuldades para fazer sua nomeação, mas interinos são todos os interventores, uma vez que podem ser demitidos.

Respondi que com prazer iria cumprir as suas ordens, despedindo-me.

Dali dirigi-me à casa de Antônio Carlos, a quem contei que o presidente havia conversado comigo sobre a política mineira.

— Não é possível!... Ele não fala nem com o Ministro Washington Pires.

— Pois comigo conversou — e narrei-lhe o que se passara.

— Vá então imediatamente a Belo Horizonte transmitir ao Capanema as recomendações do presidente.

Na mesma tarde tomei o noturno mineiro.

26
A missão

Ao chegar ao Grande Hotel, em Belo Horizonte, telefonei para o Palácio solicitando audiência do Interventor.

Insisti algumas vezes e, como até às duas horas não obtive solução, dirigi-me à Secretaria de Agricultura. Expus ao Secretário Carlos Luz que tinha vindo em missão do presidente junto ao Capanema e necessitava voltar no mesmo dia porque tínhamos de eleger o líder da bancada. Se até a hora de tomar o noturno não tivesse sido recebido, embarcaria sem cumprir a minha missão. Acabava de falar quando do gabinete do interventor telefonaram à minha procura.

Fui ao Palácio da Liberdade e transmiti ao Capanema a mensagem do presidente.

— Absolutamente, não governo! Quero que o presidente faça a nomeação para poder organizar o meu governo como entendo que deve ser organizado. Vou nomear técnicos para as secretarias; na das Finanças colocarei Milton Campos.

— Capanema, você não pode fazer nada disto. Terá de organizar seu secretariado de acordo com os políticos, Antônio Carlos, Wenceslau Braz...

— Não ouço ninguém!

E passou a divagar sobre o notável governo que pretendia realizar.

A muito custo consegui fazê-lo voltar ao assunto que me levara à sua presença.

— Capanema, você deve atender ao presidente e agir de acordo com as suas recomendações. Ele deseja fazer a sua nomeação, mas encontra dificuldades que mais tarde poderão desaparecer.

— De forma alguma. Tenho os meus planos de governo e preciso executá-los. Não posso continuar na situação de instabilidade em que me encontro.

Depois de muita discussão, convidou-me a tomar chá.

Na hora da despedida, insisti mais uma vez.

— Diz ao presidente que não me é possível atender-lhe, pelas razões que expus a você. E peço abreviar a nomeação.

— Esta é a sua última palavra?

— Espere; tenho cifra com o Gabriel Passos. Diga a ele para me telefonar e darei então a resposta definitiva. Mas pode ir convencido de que ela não vai mudar.

— Está bem.

E despedi-me desgostoso do interventor, que revelara falta do espírito de transigência que se aprende na tarimba da política municipal, da qual ele jamais participara.

Na estação esteve um ajudante-de-ordens, embora no gabinete se murmurasse não ser eu emissário do presidente.

27
A confirmação

Apenas chegado ao Rio, procurei no hotel o Deputado Gabriel Passos, a quem narrei o sucedido e pedi interviesse junto ao Capanema a fim de que ele cumprisse as determinações do presidente.

— Absolutamente! O Capanema faz muito bem em recusar. É um desaforo. O presidente não pode deixá-lo nesta situação humilhante.

— Gabriel, senti que o presidente quer nomear o Capanema, mas está em dificuldades para assinar agora a nomeação. Com o passar do tempo as paixões vão-se arrefecendo e as coisas podem mudar.

— Não, de nenhuma forma concorro para isso. Apesar de ter tido a impressão de que a conversa pelo telefone já se havia realizado, solicitei ao Gabriel que ligasse para o Capanema.

Feita a ligação e estabelecido rápido diálogo, o Gabriel declarou, de maneira conclusiva e firme:

— Pode dizer ao presidente que o Capanema não aceita governar sem ser efetivado.

Saímos juntos e fomos à Câmara eleger o líder da bancada.

Por sugestão de Antônio Carlos, foi eleito unanimemente Virgílio de Mello Franco.

28
A resposta

Após a eleição, o líder convidou-me a fazer uma visita ao presidente da República, que nos aguardava.

Seguimos juntos para o Palácio do Catete.

Recebidos sem demora, Virgílio fez a apresentação dos deputados. Quando chegou a vez do Coronel Campos do Amaral o presidente demonstrou já o conhecer, cumprimentando-o prazenteiro:

— Como vai passando, Coronel Amaral?

O mesmo aconteceu comigo:

— Valladares, você vai bem?

Mantivemos palestra de alguns minutos com o chefe de Estado, tendo Virgílio de Mello Franco tirado o primeiro lugar.

À despedida, deixei-me ficar para trás.

Quando todos saíram, aproximei-me do presidente e disse:

— Estive em Belo Horizonte e queria que o senhor me concedesse uma audiência para lhe transmitir a resposta do Capanema.

— Não há necessidade, pode falar agora mesmo.

Dourei a pílula:

— O Capanema manda dizer que lamenta muito mas não pode continuar desprestigiado como está. Os jornais todos os dias noticiam a sua saída. Solicita do senhor a nomeação efetiva.

O presidente não respondeu. Estendeu-me a mão, pondo fim à conversa.

Dei dois passos para me retirar, mas, sobrevindo-me uma revolta íntima, voltei, dizendo:

— Presidente, eu não tenho nada com este caso de interventor. Foi o senhor quem me mandou a Minas.

O presidente riu, bateu-me no ombro:

— Valladares, estou muito contente com você; prestou-me grande serviço.

Se eu conhecesse o Presidente Getúlio não me teria abespinhado; ele tinha o hábito de só responder quando necessário.

29
A mosca azul

O assunto da nomeação do interventor recrudesceu com a vinda do Capanema para o Hotel Glória.

Uma tarde, chegando à Câmara, o Presidente Antônio Carlos entregou-me uma carta, já assinada por ele, recomendando:

— Vou presidir à sessão. Peço a você e ao Celso colherem as assinaturas dos deputados nesta carta que sugere ao Getúlio a nomeação do Gustavo.

Neste momento entraram no gabinete da Presidência Gabriel Passos e Augusto de Lima. O poeta assinou logo, não sem gracejar:

— Este Valladares parece Ariel, está em toda parte.

Gabriel Passos, entretanto, relutou vivamente.

Mal pude conter-me:

— Não estou entendendo mais nada. Você é o maior amigo do Capanema e não quer assinar a carta em favor dele.

— Assino, só para você não ficar falando.

E o fez, com violência.

Colhemos as assinaturas de quase todos os deputados da bancada, exceto, naturalmente, a do Virgílio. Faltava apenas Augusto Viegas, que a subscreveu, já noite, em sua residência.

Chovia torrencialmente, mas, ainda assim, por sugestão do Celso Machado, fomos ao apartamento de Octacílio Negrão, onde se encontravam o Coronel Vargas, assistente militar do Interventor Capanema, e muitas outras pessoas. Embora agradável a reunião, não pude me demorar.

Ao chegar à Rua Bambina assustei-me: eram quase onze horas da noite e o prédio estava com a porta principal aberta; meu apartamento, iluminado. Subi as escadas correndo. Quando alcancei o terceiro andar, onde morava, minha mulher estava à espera:

— Pedi ao porteiro que deixasse a porta aberta, pois você não levou a chave e está sendo chamado do Palácio da Guanabara desde as sete horas da noite. O vizinho deixou a saleta do telefone aberta para você falar, se achar conveniente.

— Estava colhendo assinaturas numa carta, a pedido do Antônio Carlos, solicitando a nomeação do Capanema.

— Com certeza o Getúlio se aborreceu com você por isso.

— Vou ao Hotel Glória conversar com o Capanema.

Saí. Contei ao Capanema o ocorrido. Sugeriu-me:

— Por que não vai ao Palácio procurar o Getúlio?

— A esta hora?! Já é quase meia-noite.

— Vá, o Getúlio deita tarde. Tome meu carro que está na porta.

Aceitei o conselho e fui ao Palácio Guanabara.

Lá chegando, um contínuo me perguntou:

— Deputado Valladares?

— Sim, senhor.

— Faça o favor de subir, seu comandante está aguardando o senhor.

Cheguei à Secretaria e o oficial, de cujo nome não me recordo, acolheu-me, amavelmente:

— O presidente esperou o senhor até há pouco; como estivesse cansado, foi deitar-se. Manda pedir-lhe desculpas e dizer que o aguarda amanhã, às três horas, no Palácio do Catete.

Desci as escadarias do Palácio Guanabara embalado; aquela recepção a um deputado anônimo deixava claro que eu ia ser convidado para interventor.

No caminho fui pensando na maneira de despistar o Capanema. O que não era difícil, pois nunca poderia estar na cabeça dele a idéia que ia na minha.

Chegando ao Hotel Glória, disse-lhe:

— Acho que não é nada de importância, pois o presidente marcou para eu ir ao Catete na primeira audiência dos deputados.

— É, naturalmente ele quer continuar a pedir informações a meu respeito.

Despedi-me e fui para casa convencido de que ia ser o interventor. Sosseguei minha mulher com essa perspectiva, mas dormi mal a noite, pois nada causa tanta insônia como a mosca azul a zumbir ao nosso ouvido.

30
O convite

Às três horas da tarde subi esperançoso as escadarias do Catete; entrei no salão à direita, onde já se encontravam muitos constituintes. Aproximei-me da roda em que estava o saudoso Euvaldo Lodi, que me perguntou:
— Você já assinou o livro lá embaixo?
— Não.
— Vai assinar senão não será recebido.
Como se respondesse por mim, o contínuo chamou:
— Deputado Benedicto Valladares.
— Com licença...
Entrei na sala em que se encontrava o presidente sem prestar atenção se o Lodi ficara ou não surpreso.
Muito amável, o presidente iniciou a audiência:
— Deputado Valladares, tenho gostado de conversar com o senhor sobre política. Hoje vou-lhe dizer uma coisa, em caráter reservado, que ainda não falei a ninguém. Não posso nomear o Gustavo Capanema nem o Virgílio de Mello Franco interventor em Minas Gerais. Se nomeio o Capanema, descontento o Oswaldo, o Afrânio, que pode pedir exoneração do Ministério; se nomeio o Virgílio, desagrado ao Flores. De maneira que resolvi nomear outro interventor e o senhor vai prestar-me auxílio, dando informações sobre os políticos mineiros. Vamos começar pela bancada.

Passei em revista todos os constituintes, a partir de Antônio Carlos, pintando, de acordo com a minha capacidade de observação, o retrato político de cada um deles. Elogiei alguns, não falei mal de nenhum. Quando chegou a vez do Valdomiro Magalhães, disse, textualmente:

— Quanto ao Deputado Valdomiro Magalhães, além das qualidades dos outros, a sua nomeação traz a vantagem de agradar a toda a bancada; mas há o inconveniente, a meu ver, de ser ele o concunhado do Dr. Antunes Maciel. Vão dizer que o interventor é do ministro, o que não convém ao senhor. Estou falando contra mim porque, se o Valdomiro for interventor, serei secretário.

— Muito bem, "seu" Valladares, tudo o que o senhor disse a respeito dos políticos mineiros está de acordo com o que penso deles. Preciso agora de informações a respeito do senhor e não vou pedir a ninguém; o senhor mesmo é quem as vai dar.

— Presidente, a meu respeito pouco tenho que dizer. Sou bacharel em direito pela Universidade do Brasil. Apenas diplomado, fui advogar na Zona Oeste do estado, fixando residência em minha cidade natal, Pará de Minas. Seguindo a vocação de minha família, que é uma das maiores do estado e deu grandes homens públicos, no Império e na República (sou sobrinho-neto do Conselheiro Martinho Campos), ingressei na política. Presidente do Diretório do Partido Progressista, que combatia a situação dominante, chefiada por advogado e grande industrial, fui eleito vereador, com diversos outros, dentre os quais o da cidade. Meu partido deu vitória ao seu nome para presidente da República. Participei da revolução de 1930, sendo o único em Minas que tomou a prefeitura sem ouvir o governo. Mantido no cargo pelo Presidente Olegário Maciel, fui, por sua indicação, incluído na chapa do partido para deputado federal. Pela pergunta, parece que o senhor está pensando em meu nome para interventor; não faça isto; nesta hora o senhor não deve nomear um político obscuro para este alto cargo.

— Não, preciso é de um moço inteligente e leal. O senhor vai ser meu interventor, está convidado. Agora vamos guardar reserva sobre o assunto porque vai dar barulho na política mineira. O senhor demorou muito comigo; naturalmente os jornalistas vão-lhe perguntar o que houve. Vamos combinar uma resposta.

— Não tenho motivo nenhum a apresentar; só se disser que vim pedir ao senhor a oficialização de um ginásio em minha terra.

— É... diga isto.

Despedi-me, comovido, e saí. Passei entre os constituintes e jornalistas sem que me fosse dirigida qualquer pergunta. Positivamente, não tinha a pinta de interventor. Mais tarde soube que o Senador José Eduardo fazia comentários depreciativos quando eu estava lá dentro, pois me demorei cerca de quarenta minutos. Perguntado agora se era verdade, para documentar estas memórias, disse que não, passando a bola aos pernambucanos.

31
O segredo

Nos dias que se seguiram fui presa da maior emoção. Receoso de que os políticos descobrissem meu segredo, andei fugindo da Câmara. Estava sempre no Leme, em companhia do meu amigo Araújo Serra. Para me desabafar com alguém, procurei o Ovídio de Abreu, mas não o encontrei; achava-se em Minas. Resolvi falar com o General Barcelos, pois ele nada tinha com a política mineira. O General embandeirou-se todo e telefonou para São Paulo, chamando meu concunhado, Capitão Ernesto Dornelles, para dar informações a meu respeito ao presidente. Dornelles jantou no Palácio, mas Getúlio nada lhe perguntou.

Perambulando pelas ruas, encontrei no Café Belas-Artes os Deputados José Maria Alkmin e João Beraldo. Ansioso por tocar no assunto, propus:

— Alkmin, vamos fazer um acordo. Se você for nomeado interventor, nomeia-me secretário; se eu for, o nomeio.

— Você é bobo?... — respondeu, sorrindo.

— Quer fazer, Beraldo?

— Topo.

— Pois bem, se você for nomeado, quero ser Secretário da Agricultura.

E naquela ocasião João Beraldo só não foi secretário porque o presidente não quis que eu tirasse secretários da bancada, que lhe parecia muito boa.

32
Maior de espada

Creio que no quarto dia após o convite, o presidente chamou Antônio Carlos ao Palácio e disse-lhe não poder nomear nem o Virgílio nem o Capanema, mas queria escolher o interventor na bancada mineira. Combinaram fazer uma lista.

Organizando-a, colocaram os nomes: Odilon Braga, Licurgo Leite, Pedro Aleixo, Augusto Viegas, Raul de Sá e Noraldino Lima. Em dado momento o presidente disse:

— Põe aí esse Benedicto Valladares para maior de espada. Antônio Carlos, político inteligentíssimo e sagaz, assustou-se; estava escolhido o interventor.

Prometeu reunir, no outro dia, a Comissão Executiva do Partido, a fim de lhe submeter a lista. Foi para casa, donde me chamou:

— Valladares, quantos anos você tem?

Respondi.

— Você vai ser o interventor.

— Não é possível...

— O presidente mandou colocar seu nome de político que está surgindo agora numa lista de candidatos. Não tenho dúvida, você vai ser o escolhido. Vou reunir amanhã a Comissão e tudo se resolverá.

Na rua encontrei o membro da Comissão, Coronel Idalino Ribeiro, a quem confidenciei:

— Idalino, eu sei quem vai ser o interventor.
— Sabe nada...
— Sei, e você vai ficar muito bem porque ele é seu amigo.

33
O acordo

Desconfiado de minha nomeação, Capanema fez acordo com Virgílio de Mello Franco para evitar a entrada de meu nome na lista. Gabriel Passos foi à casa do Idalino dizer que era uma afronta a Minas minha indicação, uma ninguém deveria votar em meu nome.

— Não, muito bom, meu amigo, voto nele.

O Gabriel saiu indignado e ficou de relações cortadas com o Coronel Idalino Ribeiro.

No outro dia entrei no plenário da Câmara antes de ser aberta a sessão e encontrei conversando Alkmin e Octacílio Negrão.

— Valladares, você é um monstro — disse Alkmin —, vai ser interventor e não nos contou nada.

— Meu nome está na lista, mas certamente não serei escolhido.

Acabava de falar quando entrou um contínuo:

— O Palácio do Catete está chamando o senhor.

Saí deixando os dois rindo.

Em Palácio, o presidente me disse:

— O Virgílio e o Capanema, desconfiados de que eu ia nomeá-lo, fizeram acordo para impedir que seu nome venha na lista. Mandei chamá-lo para dizer que, se seu nome vier, o senhor será o interventor; se não vier, o senhor o será também, pois quem nomeia o interventor sou eu.

Meu nome foi na lista e naquele mesmo dia fui nomeado.

34
O rapto

Já com o especial da Central do Brasil pronto para a viagem, fui despedir-me do presidente, que me deu esta notícia:

— Acaba de sair daqui o Antunes Maciel, que veio aconselhar-me a dizer-lhe para viajar de automóvel, pois João Alberto, Octacílio Negrão, Virgílio, Bias Fortes, Gabriel Passos e ainda alguns militares vão raptá-lo no trem. Que me diz a isso?

— Não, presidente, vou de trem; o interventor de Minas não pode ir tomar posse escondido. Prefiro que o senhor declare sem efeito a nomeação.

— Não esperava outra coisa do senhor.

Foi a primeira prova. Mal de mim se houvesse fraquejado.

À noite segui no especial e fui recebido, desde que entrei em território mineiro, com as maiores manifestações de agrado.

Em todas as cidades ouvia discursos inflamados.

Estas demonstrações culminaram em Barbacena, chefiadas por José Bonifácio de Andrada.

35
A posse

Durante o longo percurso tive oportunidade de refletir sobre muita coisa. Disse ao J. Guimarães Menegale, que me acompanhava:

— O Capanema não vai referir-se a mim no discurso de passagem do governo; vai falar somente no Olegário Maciel e talvez no Presidente Getúlio. Mas, tal como for a música, assim será a dança...

E ditei ao Guimarães Menegale um discurso em que aludia apenas a Olegário Maciel e ao Presidente Getúlio Vargas.

Refleti também sobre a organização do meu gabinete e deliberei convidar Juscelino Kubitschek de Oliveira para chefiá-lo. "Ele é cunhado do Gabriel Passos, mas é meu amigo."

Quando o comboio chegou à Estação do Barreiro, subúrbio de Belo Horizonte, havia uma comissão aguardando. A primeira pessoa que me abraçou foi Juscelino Kubitschek.

— Juscelino, vá ao Palácio. Preciso falar-lhe.

Recebido com as honras militares devidas a um interventor e grande manifestação popular, segui diretamente para o Palácio da Liberdade a fim de tomar posse. Lá estava o Interventor Gustavo Capanema, que fez o discurso tal qual eu previra. Quando respondi, num discurso escrito, "avulta essas responsabilidades o fato de ir suceder na mais alta magistratura do estado ao grande Presidente Olegário Maciel. V. Exa., que foi seu auxiliar de governo, e eu, que em esfera mais restrita também o fui, sabemos que o seu espírito era o centro de equilíbrio e de controle de todas as atividades do poder", ele não agüentou, sentando-se numa cadeira.

Dias depois recebi, do prezado amigo Padre Alfredo Kobal, a seguinte carta:

> Com imensa satisfação li no jornal a escolha do meu amigo e companheiro do Túnel para o mais alto cargo administrativo do Grande Estado de Minas.
>
> Meu querido Valladares, não sei se ainda lhe posso escrever assim como meu coração me dita — pois você é Governador do Estado!
>
> Mas julgo que não me enganei no seu coração bondoso, justiceiro, que você mostrou quando na "turminha" do Túnel.
>
> Não é, Dr. Valladares, você vai ficar o mesmo amigo para nós da "turminha"?!
>
> Se você estiver com o Chefe do Governo, diga-lhe que este Padre do Túnel reza para os seus amigos, entre os quais, pela justiça do seu Governo, se conta também o Dr. Getúlio Vargas.
>
> Se você achar que em cartas particulares não lhe devo dar o tratamento simples e sincero do amigo velho, escreva-me.
>
> Perante os outros será por mim sempre tratado como o seu alto cargo exige, mas no meu coração será sempre "o meu Valladares".
>
> Não afaste o Coronel Vargas, o Comandante e o maior herói de Itaguaré, do seu lado. Ele é prudente, leal e sincero. Lembre-se de como todos estivemos ao lado do Vargas.
>
> Não me tome a mal, meu bom amigo. Como eu escrevo a você, escrevi assim franco e sem cerimônias também ao meu Imperador Carlos, e provei a lealdade preferindo o Desterro a Honras.
>
> Ia lhe telegrafar, dando meus parabéns, mas os fios deste sertão de Minas estão interrompidos. E assim vai a pena mesmo.
>
> Meu Valladares, conte com um padre que nunca se esquece dos amigos do governo. Enquanto você estiver no trilho do meu querido Olegário, conte com minhas missas. Eu as rezo com toda sinceridade, exigindo do meu Supremo Chefe que ele lhe dê a sabedoria de Salomão para decidir as dificílimas questões do Governo. Se um dia precisar de mim, uma palavra sua basta para ver-me outra vez na frente das tropas queridas de Minas com a cruz na mão.

Deus lhe dê a paz para você poder governar como o homem escolhido pela mão divina. Quantas missas rezei para o Getúlio Vargas a fim de que ele não fizesse um erro na escolha!

Serei para você e sua família o guarda, embora de longe. Daqui mandarei todos os dias o meu Jesus lhe abençoar. Quando os descontentes lhe mandarem toda sorte de maldições, eu o abençoarei.

Mas peço uma coisa. Tem dó dos oprimidos e fracos, nunca faça uma injustiça e guarde a tradição do Olegário e do partido dele.

O que fizeram com meu Capanema? Oh, eu gosto dele muito e quero que você também o tenha como amigo de verdade. Você faz isso?

Eu sei que você é bom e não vai esquecer no seu posto elevado aqueles que nós, juntos, na nossa turma, admiramos.

Perdoe-me se as minhas palavras não têm o estilo das cartas lisas e poéticas dos aduladores, mas tem o fundo da lealdade dos Nibelungos. Deus lhe abençoe.

Com o abraço do coração do seu amigo

Pe. Kobal

36
Durou doze

Entrei em exercício do cargo de interventor em dezembro de 1933. O Gabinete Civil ficou assim constituído: chefe, Juscelino Kubitschek de Oliveira; oficiais de gabinete, Olinto Fonseca Filho e Vicente Silveira; secretário particular, Ovídio de Abreu. E o Militar: assistente, Tenente-Coronel Quintiliano de Campos Valladares; ajudante-de-ordens, Tenente Lourival Silveira.

Organizado o Secretariado com Carlos Coimbra da Luz na Secretaria do Interior, Noraldino de Lima na de Educação, Alcides Lins na de Finanças, Mário Mattos na Imprensa Oficial, Mário da Silva Campos na Diretoria de Saúde Pública, restava apenas nomear o Secretário da Viação e Obras Públicas, que acumulava as funções de Secretário da Agricultura. Convidado, o diretor da Escola de Viçosa, que se encontrava em Roma, passou-me telegrama recusando o cargo.

Disseram-me, na ocasião, que ele fora informado de que o governo não duraria vinte dias, o que me fez comentar com o Ovídio de Abreu:

— Iludiram o Bello Lisboa, vai durar vinte anos.

E durou doze, mas não fui culpado de não ter sido atingida a meta anunciada...

37
Linguagem da roça

No dia em que recebi o telegrama do Dr. Bello Lisboa, apareceu em Palácio o presidente do Conselho Municipal, Dr. Israel Pinheiro, que eu não conhecia. Gostei de suas divagações sobre administração e convidei-o para secretário da Agricultura, Viação e Obras Públicas. Aceitou, mandei lavrar o ato e dar-lhe posse imediatamente.

Ao descer do Palácio, já podia então responder às pessoas que lhe faziam perguntas, na Rua da Bahia:

— Israel, é verdade que você vai ser secretário?

— Não, já sou.

Na ocasião, revelei ao Ovídio de Abreu:

— Nomeei o Israel secretário da Agricultura porque fala a linguagem de que mais gostam os fazendeiros.

38
Amável demais

Fui levado a nomear o Tenente-Coronel Quintiliano de Campos Valladares para assistente-militar talvez em consideração ao nome, pois não o conhecia. Mas demorou pouco, por ser amável demais.

Todas as manhãs, na imensa labuta com a administração de um estado inteiramente desorganizado, tinha de ouvir de meu assistente-militar:

— O senhor interventor dormiu bem a noite? E Dona Odette? E suas gentis filhas?

Juscelino, assistindo a um desses diálogos, prognosticou:

— Este vai durar pouco.

Dias depois eu convidava o Tenente-Coronel João Câncio de Albuquerque para meu assistente-militar.

Os antecedentes do convite ao Coronel João Câncio de Albuquerque merecem ser narrados.

Advogava em Pará de Minas quando apareceu em meu escritório um cliente em estado lastimável. Havia sido preso na cidade de Pequi, por ordem do delegado-auxiliar, que se achava acompanhado de um oficial de polícia. Durante toda a noite fora espancado. Posto em liberdade, tomou um automóvel e foi procurar-me para fazer o auto de corpo de delito.

Estava ele narrando o fato quando surgiram dois soldados:

— Doutor, vossa senhoria dá licença, nós viemos prender este homem.
— Por ordem de quem?
— De "seu" capitão.
— O capitão sabe que ele está no escritório de um advogado?
— Sabe, sim senhor.
— Então voltem e digam ao capitão que ajunte o resto do destacamento e venha prendê-lo.

Os soldados saíram. Fiz com que o homem, que estava um molambo, ficasse deitado num dos quartos, chamei minha mulher e disse:

— Vá para o fundo do quintal com as crianças e somente volte quando eu chamar.

Peguei a carabina, coloquei balas sobressalentes nos bolsos e fiquei aguardando. Daí a pouco a casa se encheu de gente.

O capitão e o delegado passavam na rua para o escritório do advogado Aristides Milton.

Soube, depois, o que ocorrera.

Os soldados chegaram à delegacia e transmitiram o recado. O delegado, irritado, gritou:

— Armem quatro soldados e tragam o homem de qualquer maneira.

O Capitão Câncio entrou com sua ponderação:

— Não, doutor, não podemos mandar prender no escritório do advogado.

O sargento, que tudo ouvia, e era meu amigo porque eu prestava serviços profissionais aos soldados sem nada cobrar, mandou avisar o meu companheiro de política Pedro de Almeida, que desceu com as pessoas que àquela época lhe freqüentavam a residência.

Quando o Palácio mandou chamar o já então Coronel João Câncio de Albuquerque, ele, que não sabia estar eu a par dos fatos ocorridos em Pará de Minas, assustou-se.

Com o correr dos tempos, ficou estimado de todos e também do Presidente Getúlio Vargas, que não dispensava sua companhia nas estações balneárias.

A seu respeito Mário Mattos pilheriava:

— Se quiserem acabar com a guerra mundial, mandem o Coronel Câncio para lá; ninguém resiste à sua brandura.

39
Advogado-geral do estado

Logo que assumi o governo, Milton Campos pediu exoneração do cargo de advogado-geral do estado. Tendo eu recusado o pedido, escreveu-me a seguinte carta:

> Meu caro Benedicto Valladares:
>
> Afetuosas saudações.
> Estou muito grato às suas demonstrações de amizade a propósito de minha exoneração do cargo de Advogado-Geral do estado. Sua carta, recusando meu pedido com as mais generosas expressões, e a visita com que em seu nome me honrou o nosso comum amigo Carlos Luz, insistindo pela minha permanência, desvaneceram-me extremamente. Se, no caso, devessem prevalecer os sentimentos de estima pessoal, eu só teria motivos para ficar no posto em que, há dois anos e meio, vinha trabalhando. Mas, como expliquei ao seu ilustre Secretário do Interior, minha exoneração resulta de razões de ordem geral e era um propósito firmemente deliberado.
> Formulo votos pela prosperidade de seu governo. Mesmo fora do cargo, terei grande prazer em prestar-lhe os serviços a meu alcance. E, cada vez mais cativo às suas provas de estima e apreço, peço-lhe que acredite na reciprocidade desses sentimentos.
>
> Abraça-o cordialmente o colega e amigo
>
> Mílton Campos

Minhas relações com Milton Campos advêm de um fato que devo deixar consignado.

Existia em Pará de Minas um semanário, dirigido pelo Padre Ignácio Campos, que combatia violentamente a situação municipal. Atendendo a recomendação do Arcebispo, de que aos sacerdotes era proibido dirigir jornais, o Padre Ignácio entendeu de colocar meu nome como diretor do semanário. Não me avisou, pois eu me encontrava em Belo Horizonte. Ante o fato consumado, pedi-lhe que não escrevesse mais, e passei a fazer os comentários em artigos mais moderados. Apesar disso, um irmão do prefeito, considerando-se ofendido, iniciou ação de delito de imprensa contra mim.

Ajuizada a causa, não quis defender-me pessoalmente e fui a Belo Horizonte contratar advogado. Dirigi-me ao escritório de meu parente professor Carlos Campos, que não a quis aceitar, alegando acúmulo de serviço. Seriamente contrariado, pois regressava de Itaúna, onde ficara alguns dias para defender um colega, jurista eminente, acusado de tentativa de morte, sem nada cobrar, procurei o escritório do Dr. Milton Campos, a quem pedi tomar a causa, mas com a condição de receber honorários. Respondeu que faria como eu quisesse. Foi diversas vezes a Pará de Minas e obteve minha absolvição, não só no Juízo singular como no Tribunal, por unanimidade de votos, e não aceitou de forma alguma qualquer remuneração.

Tornei-me seu admirador e passei a lhe dedicar amizade, que tenho orgulho de conservar, embora militando, depois, em campo político oposto.

40
O novo advogado-geral

Não tendo Milton Campos podido continuar como advogado-geral, convidei o fraternal amigo, desde o tempo de meus preparatórios em Belo Horizonte, Orosimbo Nonato da Silva. Ponderou-me serem insignificantes os vencimentos do cargo, em comparação com o que ganhava em seu movimentado escritório. Por esta razão não podia aceitar, mas ressalvou:

— Se realmente você precisa, o caso é diferente.

— Necessito, sim, Orosimbo. Você tem alto conceito em todo o estado e eu estou surgindo agora. E para o bem de Minas e do meu governo, devo cercar-me de homens de sua categoria.

— Então pode mandar lavrar o ato.

Naquele mesmo dia tomou posse.

41
Chefe do Estado-Maior da Polícia

Não estando habituado à ventania da Praça da Liberdade, penetrando por debaixo das portas, fui para a cama com forte resfriado, nos primeiros dias de governo.

O telegrafista levou-me um rádio do Coronel Campos do Amaral, dirigido ao Coronel José Vargas, em que afirmava que os coronéis da Polícia deviam forçar-me a nomear o Coronel Anísio Fróes chefe do Estado-Maior da Polícia. Perguntou-me se devia entregar a mensagem.

— Entregue.

À noite mandei chamar o Coronel José Vargas e o secretário das Finanças, Alcides Lins, a quem pedi assistir a uma conversa que ia ter com o primeiro.

Entrando o Coronel Vargas, perguntei-lhe:

— Coronel, o senhor recebeu um rádio do Coronel Campos do Amaral?

— Recebi, sim senhor.

— Está de acordo com ele?

— Estou, sim senhor.

— Coronel, quem escolhe e nomeia o chefe do Estado-Maior da Força Pública é o interventor e não admito interferência de quem quer que seja. A Polícia precisa manter-se dentro da disciplina.

O Coronel Vargas, sem nada responder, pediu licença, despediu-se e retirou-se.

No dia seguinte o *Minas Gerais* publicava a nomeação do Coronel José Marques da Silva.

O caso se explica.

Tínhamos saído de duas revoluções e a mentalidade revolucionária, como, até certo ponto, era natural, predominava no seio da oficialidade da Força Pública, que se julgava dona do estado. Gustavo Capanema entregara-se em suas mãos. Com a minha atitude, a vinda de uma missão instrutora de competentes oficiais do Exército, composta dos Capitães Ernesto Dornelles, Franklin Rodrigues de Moraes, João de Macedo Linhares, Oswaldo Soares Lopes, Oswaldo Niemeyer e Eduardo de Ávila Melo, que foi chefiada, sucessivamente, pelo Capitão Ernesto Dornelles, Capitão Franklin Rodrigues de Moraes e Capitão Oswaldo Soares Lopes, e a criação do Departamento de Instrução, tudo se modificou. E ela, que sempre se distinguira pela bravura, é hoje uma das melhores e mais adestradas corporações militares do país.

A respeito, assim se manifestou, tempos depois, em ofício ao ministro da Guerra, o General Christóvão Barcelos, comandante da 4ª Região Militar: "Em Belo Horizonte viviam instantes de angústia os partidários do governo instituído pela revolução de 1930. A situação só se modificou com a atitude firme e corajosa do atual governador de Minas, o Dr. Benedicto Valladares."

42
Deposição

Além do ministro da Justiça, Antunes Maciel, tenho a impressão de que o ministro da Guerra, General Góes Monteiro, e o chefe da Casa Militar, General Pantaleão Pessoa, não gostaram da minha nomeação para interventor.

Apenas iniciara o governo, chegou a Belo Horizonte um cidadão que se dizia emissário do General Góes Monteiro. O chefe de Polícia o fez acompanhar por investigadores.

À noite, em Palácio, o Capitão Dornelles disse-me que o chefe da Casa Militar, General Pantaleão Pessoa, ia ligar para mim; era assunto de ordem pública.

Mandei chamar o chefe do Estado-Maior, Coronel José Marques, e o chefe de Polícia, Álvaro Baptista de Oliveira, e aguardei o telefonema.

A tantas o telefone tocou; o general me disse:

— Interventor, o senhor vai ser deposto.

— Deposto, por quem?

— Pela Força Pública.

— Absolutamente, general, a corporação militar está tranquila, disciplinada e satisfeita.

— O senhor está enganado, tenho informações seguras.

— As suas informações não podem ser mais procedentes que as do chefe do Estado-Maior e do chefe de Polícia, que estão aqui ao meu lado.

Contrariado, o general desligou, depois de pronunciar esta frase de comando bem avisado:

— Mais vale prevenir do que remediar.

Sobre este assunto trocamos ainda alguns telegramas.

Pouco tempo depois, no Rio, o presidente disse-me que o general lhe falara a respeito, obtendo a seguinte resposta:

— Se for deposto, o Exército o repõe.

43
Administração

Apagados esses pequenos incêndios e concluída a organização do governo, com a nomeação do engenheiro José Soares de Mattos para prefeito da capital e Ovídio de Abreu, alto funcionário do Banco do Brasil, para secretário das Finanças, pois o Dr. Alcides Lins seria bom secretário de Viação e Obras Públicas, entramos numa fase intensiva de administração.

Estas memórias não têm por objetivo enaltecer obras de governo; não posso, entretanto, deixar de mencioná-las, porque se relacionam com os fatos narrados.

Havíamos saído de duas revoluções e o estado se encontrava em calamitosa situação financeira e administrativa. Sem contabilidade regular, sem estatística, sem crédito, pois o déficit era maior que o total da receita — e os estados, felizmente, não têm a faculdade de emitir para regularizar a situação do Tesouro. Desordem absoluta no recebimento e na aplicação das rendas públicas. A oriunda do café diminuíra devido à desvalorização do produto e à restrição da exportação, e ainda por terem sido transferidas determinadas taxas e impostos para uma organização que se denominava Instituto Mineiro do Café, com sede no Rio de Janeiro. O Instituto fundou o Banco Mineiro do Café, com o capital de vinte e cinco milhões de cruzeiros, mas realizara apenas a metade, que emprestou a duas firmas industriais. O arrendamento da Rede Mineira de Viação, estrada altamente deficitária. O número excessivo de funcionários, todos mal pagos.

A não ser o ensino normal e primário, que Noraldino de Lima conseguia, com o sacrifício das heróicas professoras, manter mais ou menos no ritmo da organização modelar realizada por Francisco Campos no governo Antônio Carlos, com a colaboração de educadores estrangeiros, dentre os quais se destaca a extraordinária Helène Antipoff, tudo o mais se estagnara.

Assistindo à diplomação de alunas da Escola de Aperfeiçoamento, vindas de diversos estados, tivemos ocasião de proferir as seguintes palavras:

> No curso da existência, os melhores dias são os que despertam emoções que perduram. A lembrança dos mestres que nos desvendaram o mistério da vida é uma das mais suaves e duradouras recordações.
>
> Do primeiro mestre depende, muitas vezes, o futuro cidadão.
>
> A centelha do ideal deve ser por ele avivada para clarear rumo seguro.
>
> Não vale a pena ensinar as coisas tristes da vida, quando devemos encontrar alegria em suas próprias contradições.
>
> As aulas para crianças deviam ser ao ar livre. A natureza nos ensina que podemos ser felizes em face do próprio sofrimento.
>
> As árvores florescem com mais viço depois de podadas. A resignação só não é um grande bem quando a gente se deixa conduzir pelas ondas do destino. Mas o desprendimento, que nos eleva acima de nós mesmos, é o maior dom de que podemos impregnar o cérebro plástico de nossos filhos.
>
> Estamos vivendo uma época de grandes transformações sociais. É necessário preparar os que surgem para os embates dos dias de amanhã.
>
> Despertar na criança confiança em si mesma e contentamento de viver é a vossa principal missão, senhoras professoras.
>
> Esta escola, cuja tradição honra a cultura de Minas, vos preparou para isto. E ficaremos satisfeitos se encontrarmos sempre vossos alunos, de camisa aberta ao peito e sorriso nos lábios, trabalhando pelo bem do Brasil.

44
Destruir para construir

Começamos por decretar que nenhum ato que suscitasse compromisso para as finanças públicas pudesse se realizar à revelia do chefe do governo. O Estado não poderia assumir novos encargos sem saber se o Tesouro estava em condições de satisfazê-los. A arrecadação de impostos e taxas era função exclusiva de funcionários do Tesouro e sua aplicação deveria ser feita nos moldes que a lei estabeleceu.

Tentamos rescindir o contrato de arrendamento da Rede Mineira de Viação, mas o presidente objetou, sorrindo:

— O único negócio bom que fiz com Minas você quer desmanchar...

Suspendemos todas as nomeações de funcionários, o que levou Antônio Carlos a me perguntar:

— É verdade que lhe vão pedir emprego e você despacha o freguês com a negativa?

— Realmente, presidente, a situação financeira do Estado não permite nomear ninguém.

— Meu filho, dê ao menos a esperança.

Sorri. Seria, realmente, cruel, responder, como Talleyrand a um candidato a emprego que dizia: "Afinal, preciso viver".

"— Não vejo necessidade disso..."

Mas, também, doloroso é entreter com esperanças vãs pessoas aguardando meses no hotel uma nomeação prometida e jamais efetivada.

Prosseguindo na orientação traçada, resolvemos, depois de ouvir o jurisconsulto Francisco Campos, fechar o Instituto Mineiro do Café e incorporar seu ativo ao patrimônio do estado. Deu-se, então, um fato interessante. Como nos chegasse a notícia de que os diretores e funcionários estavam dispostos a não entregar o estabelecimento, pedimos força ao Presidente Getúlio. Respondeu que usássemos a nossa.

Não tivemos dúvida. Determinamos ao Coronel Leri dos Santos que fosse com soldados à paisana ao Rio garantir a tomada dos prédios. Não foi necessário utilizá-los porque o meu amigo Deputado José Maria Alkmin, com quem me comuniquei pelo telefone, foi lá em companhia de Arthur Felicíssimo e, com a sua proverbial diplomacia e — por que não dizer também — bravura, tudo se resolveu pacificamente.

Indo ao Rio, o presidente me perguntou:

— Por que você pediu força federal para fechar o Instituto Mineiro do Café, se tem uma organização policial enorme?

— O Instituto Mineiro do Café era aqui no Rio, presidente.

— Ah! não sabia... — e deu boa gargalhada.

45
A nova construção

Esta orientação e o fato de Ovídio de Abreu, com a colaboração do diplomata Fernando Lobo, ter dado organização modelar à Secretaria das Finanças, levantaram o crédito do Estado e foi possível a unificação de suas dívidas por meio de um empréstimo de consolidação, resgatável em quarenta anos, com a emissão de apólices de 5% e sorteio de prêmios. Destinava-se esta emissão a pagar a dívida flutuante exigível e a converter em título de taxa inferior os de 7% e 9% ao ano, então em curso.

Não constituía este plano novidade, pois foi inspirado nas normas do grande empréstimo de Paris, lançado, com repercussão universal, pelo *Crédit Lyonnais*. Vitorioso o plano, com o apoio dos maiores bancos do país, o Estado entrou firme no caminho do progresso pelo desenvolvimento de suas obras reprodutivas há muito paralisadas e a construção de novas que lá estão aos olhos de todos.

Passando Ovídio de Abreu para a Secretaria do Interior, a fim de que orientasse os prefeitos na organização das prefeituras municipais, nomeei secretário das Finanças o funcionário Francisco Noronha, já falecido, cidadão de raras qualidades morais, grande capacidade de trabalho e que conhecia os serviços da Secretaria em todos os seus meandros. Desapropriado o Banco Hipotecário, aproveitei-o na presidência desse estabelecimento de crédito e nomeei secretário das Finanças o médico Dr. Edson Álvares da Silva, que entende mesmo é de administração.

E quando deixei o governo, em 1945, Minas havia entrado em regime de superávit, conforme demonstram os balanços de 1942 a 1944. A respeito, assim se manifestou o governo do Interventor Desembargador Nísio Baptista de Oliveira, na sua prestação de contas:

> Com efeito, o último balanço do estado, relativo ao exercício de 1944, acusou um *superavit* de Cr$ 51.380.237,90, o que demonstra a normalização da execução orçamentária, após longo período de orçamentos deficitários. E foi tendo em vista este *superavit* que a administração anterior concedeu, em abril de 1945, um aumento de vencimentos ao funcionalismo. No mesmo exercício de 1945, continuou a acentuar-se o crescimento dos recursos do Tesouro. E tal fato levou o atual governo, em face dos constantes apelos do funcionalismo, a examinar a possibilidade da concessão de um novo aumento, capaz de atender às premências oriundas da progressiva elevação do custo de vida.
>
> Logo em princípios de novembro último, foi examinada a situação financeira do Estado, verificando-se que, não obstante o aumento concedido em abril, as contas orçamentárias se exprimiam pelos seguintes algarismos:
>
> | | |
> |---|---|
> | Receita arrecadada | Cr$ 447.477.849,80 |
> | Despesa realizada | Cr$ 387.659.502,50 |
> | *Superavit* | Cr$ 59.818.347,30 |
>
> Tendo-se em vista que a receita acima apontada excedia, em cerca de Cr$ 40 milhões, a obtida em igual período do exercício anterior, ficava demonstrado que se conseguira a normalização das finanças públicas, no tocante à execução orçamentária, o que permitia ao governo levar à fase de concretização os estudos tendentes a melhorar os padrões de vencimentos dos servidores do estado.

46
Benemérito da universidade

As escolas de cuja união mais tarde se formou a Universidade de Minas Gerais foram obra da iniciativa particular. Nasceram do sacrifício dos mineiros, levantadas, pedra por pedra, pelo esforço individual de mestres, dentre os quais se destacaram Afonso Pena e Mendes Pimentel. Em instituição de tal origem, o único espírito que podia predominar era o da liberdade. Compreendeu bem isto o Presidente Antônio Carlos quando, na sua fundação, deu-lhe patrimônio e autonomia nos limites da lei.

Alguns professores, entretanto, pleiteavam um sistema de leis que cerceava aquela autonomia. E assim armou-se um caso que apaixonou alunos e mestres.

Observando esta exaltação, procurei o Presidente Getúlio e advoguei a volta da autonomia da Universidade. Respondeu-me que naquele caso, como em qualquer outro de interesse da comunidade mineira, ele só poderia visar ao seu bem. Se os mineiros achavam que o regime de autonomia era o que convinha ao seu instituto de altos estudos, este regime é o que devia prevalecer.

Por esta atitude recebi manifestação dos professores e estudantes com a qual o povo se solidarizou.

Em solenidade na Escola Normal, que se achava repleta, recebi o título de Benemérito da Universidade, e o eminente jurisconsulto Tito Fulgêncio proferiu, em nome da Congregação, este interessante discurso:

Duas reflexões alheias, senhores, acodem-me no instante, casando-se.

Uma, de Agostinho, o Santo: Nada há maior que a caridade, a não ser o Senhor, que deu a caridade.

Outra, de Ernesto Renan: Felizes os moços, porque têm diante deles a vida, e a vida é uma boníssima coisa; para nós outros ela está atrás de nós; isso nos torna igualmente contentes, mas em verdade mui preferível é ainda vê-la diante de si.

Menos avisado andou, senhores, aliás excepcionalmente, o Diretor da Faculdade de Direito, na escolha do intérprete; tinha, de um lado, janelas abertas em profusão na docência da Universidade, e no entanto foi bater em outra, que já se fechara, ou em penumbra caíra.

Destarte, sobre enfrentar a correnteza do tempo, incorreu em dupla culpa; negou ao ultra-septuagenário a caridade, arrastando-o do seu canto obscuro para uma tribuna alumiada da nação, e nisso menosprezou o cânon agostiniano; privou o Sr. Interventor das flores muitas e vivazes a que fez jus e que somente possuem os que têm diante de si a vida, e nisso partiu com a sentença renana.

Flores muitas e vivazes... por que não?

Contemporânea a história dos sucessos.

Em hora inspirada de sã política, criou a Fundação o Presidente Andrada, mas criou aparelhando-a no patrimônio e na autonomia, dentro das forças da finança pública e nos limites da lei geral, em maneira tanta a poder cumprir com honra o seu alto fim social.

Assim dotada, entrou a Universidade pelo desempenho leal da função augusta, senão quando, ainda em início da jornada, é presa de acontecimentos anormais.

A gravidade destes, notória, indisfarçável, forçou a intervenção administrativa com a cassação da autonomia, medida julgada adequada, nos conselhos do governo, para a repressão dos injustos cometidos e prevenção também de infrações futuras eventuais.

Por que motivos não sei, mas o fato é que, ao revés de alimpar-se com a ação do tempo, a atmosfera se adensou, e o resultado foi a expedição de ordenações, que importavam para a universidade, sem que talvez o pensassem ou desejassem os legisladores, a perda completa da sua independência essencial.

Não era, entretanto, de desabar, ninguém o queria, certissimamente, não podia morrer por asfixia uma grandiosa obra do Estado, arquitetada que foi e como foi com visão de permanência e perpetuidade, imposições do interesse coletivo.

Por outro lado, toda gente, mesmo os colhidos e vitimados no tumulto, pugnavam magnânimos pela pacificação geral, sepultando-se no Lethes os agravos que mais alto se alevantavam, e cumpria salvar a intenção do Instituidor.

Foi então que no cenário apareceu a figura, nobre em si e por Família, do Interventor a conter excessos, a amainar paixões, a aplainar a terra, com serenidade e tato, olhos fitos no bem geral, nele só, e em mais nada.

A mediania persistente e imparcialmente dirigida encontrou acolhida na prudência governamental, as grandes assinaturas do decreto se apuseram de boa mente, e a universidade viu-se e presumidamente viverá na plenitude de suas regalias institucionais.

Flores muitas e vivazes... Onde?

Para o velho intérprete o despenhadeiro: não as podia ele achar nos ciprestais de uma vida que sente-se esvair; não lhe era lícito descumprir a missão sagrada.

Recurso: foi colhê-las nos jardins da boa vontade, lá onde mais esplendiam em louçania, e com elas a sós teceu o tosco ramalhete que de suas mãos já trêmulas ora passa às mãos firmes e moças do benfeitor.

Como símbolo da gratidão universitária e — por que não dizê-lo? — como uma sorte de santelmo também.

Sim. De praias bem longínquas contemplam os universitários, Sr. Interventor, o vosso navegar pelo oceano político, aquele de águas traiçoeiras, aquele dos horizontes toda vida indecisos.

Inevitáveis e freqüentes as tormentas, pensam comigo os universitários que no penacho luminoso desvendareis o segredo dos portos felizes: perenemente avisa que a agulha do mareante há de se orientar para o costume (notai), para o costume de benemerências como a que praticou e ora celebramos. Teimosamente.

47
A promessa

Devendo encerrar-se daí a pouco os trabalhos da Constituinte de 1934 e em seguida realizar-se a eleição indireta, por voto secreto, do presidente da República, para o primeiro quatriênio constitucional, que todos sabíamos ia ser Getúlio Vargas, dado o seu prestígio, Gustavo Capanema, que morava perto do Palácio da Liberdade, chamou o meu chefe de gabinete, Juscelino Kubitschek. Por intermédio dele, pediu-me para não vetar o seu nome, caso fosse lembrado para ministro.

Respondi que não tomaria a iniciativa da indicação, mas, se o presidente manifestasse o desejo de nomeá-lo, eu concordaria.

48
A carta

Dias depois deu-se a eleição e o presidente mandou chamar-me ao Rio, iniciando assim nossa entrevista:

— Vamos tratar agora da organização do ministério. Desejo nomear um mineiro para o Ministério da Justiça e dou dois nomes à sua escolha: Odilon Braga ou Gustavo Capanema.

Disse que preferia Gustavo Capanema, pelo compromisso que narrei, e também por achar ser ele mais amigo do presidente; mas ponderei que não devia ser para a Justiça, pois Capanema não servia para aquele ministério.

— Bem, então podemos colocá-lo no Ministério do Trabalho. Desejo dar mais uma pasta a Minas: Viação ou Agricultura, e você pode indicar o nome.

— Indico o engenheiro Alcides Lins.

— Para agradar o Flores — continuou o presidente —, vou incumbi-lo de convidar o Gustavo Capanema, mas você vai antes dar-lhe conhecimento.

Saí dali à procura do futuro ministro; encontrei-o no Hotel Central, no apartamento do Deputado José Maria Alkmin.

O Capanema não cabia em si de contente, mas observou:

— A Pasta do Trabalho não está bem para mim, veja se troca por outra, por exemplo, a de Educação.

— Não há dúvida, vou ao Palácio agora mesmo e tudo se resolverá.

— Benedicto, quero dar-lhe demonstração da minha gratidão escrevendo-lhe uma carta em que o declaro meu candidato ao Governo do Estado — e sentou-se para escrever.

— Não, Capanema, não quero carta não.

Voltei ao Palácio, tendo ficado resolvido que ele iria para o Ministério da Educação.

No outro dia, indo de novo ao Catete, encontrei Antônio Carlos na secretaria, muito nervoso, aguardando audiência do presidente. Foi logo dizendo:

— O Odilon não pode deixar de ser ministro, isto é uma humilhação para mim. Estou aqui à espera de falar com o presidente, mas você podia conversar com ele a este respeito.

— Não há dúvida.

Comuniquei, então, ao presidente, que abria mão do meu candidato para atender a Antônio Carlos. Odilon Braga foi nomeado ministro da Agricultura.

49
Candidato do presidente

Promulgada a Constituição de 1934 e eleito o presidente da República, transformou-se a Assembléia Constituinte em Câmara dos Deputados, exercendo cumulativamente as funções de Senado Federal. Mas isto seria por pouco tempo, pois dentro de noventa dias realizar-se-iam as eleições para a Câmara Federal e as Assembléias Constituintes dos estados, às quais cumpria eleger os senadores federais e os governadores.

O presidente chamou-me ao Rio e me comunicou o seu desejo de que eu fosse eleito governador de Minas. Respondi-lhe que ia percorrer o interior do estado para conferir o meu prestígio, pois desconfiava de ter meu nome recusado pela maioria da Comissão Executiva do Partido Progressista, sob a inspiração do Presidente Antônio Carlos.

Tudo combinado, voltei a Minas e programei a excursão.

50
A excursão

Iniciei a viagem política por Ouro Preto, com a maior decepção.

Desembarquei numa tarde fria na antiga capital, e fui recebido apenas pelo velho Prefeito João Velloso, amigo do Presidente Antônio Carlos, e alguns funcionários da prefeitura.

À minha pergunta sobre se havia convidado o povo e avisado o comandante da Guarnição Federal, respondeu que não: soubera que eu não gostava dessas coisas...

Nunca hei de me esquecer daquela noite em Ouro Preto, cidade que tanto quero e admiro pelo seu passado de glórias cívicas e artísticas.

A meia luz crepuscular entristecendo a velha capital e despertando idéia de malogro. O frio dominando até nos pratos em que nos serviram o jantar e nos colchões que nos agasalharam. Com a alma desalentada partimos no outro dia para Mariana.

Fomos recebidos na mais velha cidade de Minas sob o maior entusiasmo de seu povo, tendo à frente o saudoso Arcebispo D. Helvécio.

Daí em diante as manifestações cresceram em número e entusiasmo. Ponte Nova, Raul Soares, Rio Casca, Caratinga, Viçosa, Leopoldina, Muriaé, Ubá, Carangola, Manhuaçu, Juiz de Fora, para citar apenas alguns municípios, demonstraram que eu estava inteiramente prestigiado na Zona da Mata. Em Ponte Nova deu-se um fato animador. De volta de

Caratinga, de madrugada, do leito do trem especial ouvi um diálogo entre um jornalista, filho de amigo do Presidente Antônio Carlos, e Luiz Martins Soares, membro da Comissão Executiva do Partido Progressista:

— Dei no *Correio da Manhã* haver o senhor levantado a candidatura do Interventor Valladares ao Governo do Estado, mas vou desmentir.

— Se você fizer isto, escreverei ao jornal confirmando inteiramente a notícia.

Em Ubá houve ocorrência interessante, dados os acontecimentos políticos que se desenrolaram posteriormente. Uma mocinha, professora, muito animada, dava vivas ao Interventor Valladares, futuro governador do estado. Pedi-lhe desse um viva a Juscelino Kubitschek, que, com Carlos Luz e Mário Matos, fazia parte de minha comitiva. Atendendo, ela começou:

— Viva o doutor Juscelino Kubi... Ah, esse nome não serve para viva, não.

51
Triângulo mineiro

De volta da Zona da Mata, seguimos para o Triângulo Mineiro.

Minha comitiva sofreu pequena alteração, substituindo-se Carlos Luz por Noraldino de Lima e incluindo Israel Pinheiro.

Fiquei maravilhado com as águas termais de Araxá e encantado com a história de Dona Beija, a mulher bonita que enfeitiçou o Ouvidor-Mor e granjeou o Triângulo para Minas: "Aquele nariz entrando pela terra da gente a dentro", como dizia, no seu linguajar pitoresco, o saudoso Fernando Costa.

O Príncipe dos Poetas, Alberto de Oliveira, dedicou-lhe estes magníficos versos:

ARAXÁ

Entre as minhas saudades uma existe,
  Que mais me dá

Com calor forte, e então me põe mais triste:
  É a do Araxá.

Que terras essas! Que formosas terras!
  Iguais não há

Céus infinitos, serras, serras, serras...
No alto, o Araxá.

E o ar puro, o ar fresco e às vezes frio
Que corre lá!

Que diferentes são o clima do Rio
E o do Araxá!

Andas triste? Padeces sob mágoas,
Doença má?

Vai do Barreiro às milagrosas águas,
Lá do Araxá.

Vai aonde estive já por duas vezes,
Vai já e já

Onde sinto não ir todos os meses,
Vai a Araxá.

Depois de ponderar sobre tudo que haviam dito e escrito, inclusive cientistas estrangeiros, sobre o valor curativo das águas milagrosas do Barreiro, que estavam à nossa vista, água sulfurosa, sais, lama, água radioativa, decidimos construir naquele brejal uma estação térmica que, corrigindo os pequenos defeitos de Poços de Caldas, fosse digna dos bens que a natureza ali criara.

Comuniquei este propósito ao povo de Araxá, que ficou solidário com quem lhe abria tão largas perspectivas.

De Araxá fomos a Uberaba, Uberlândia, Araguari. De toda parte, no Triângulo, saímos mais prestigiados pelo povo, descrente dos governos, do que quando chegávamos. O que era um bom prenúncio para quem se enfeitava de candidato ao governo do estado.

Em Uberaba hospedamo-nos no Palácio Episcopal do saudoso Frei D. Luiz Sant'Anna, do qual guardamos a mais grata lembrança.

52
Será você

Com a experiência da política municipal, na qual militei ativamente muitos anos, prestigiei, durante a interventoria, diretamente os meus colegas dos diretórios municipais do Partido Progressista. Este procedimento talvez haja desagradado à alta direção do Partido, mas deu-me absoluto prestígio nos municípios.

De volta das excursões, pude, sem receio de errar, dizer ao Presidente Getúlio:

— O senhor fará quem quiser governador de Minas, com ou sem a Comissão Executiva do Partido Progressista.

— Então será você — respondeu com firmeza o presidente.

Estava assim posta a minha candidatura.

53
Votava no Valdomiro

Aproximando-se a data da eleição para a Câmara dos Deputados e as Assembléias Constituintes que, após a instalação, elegeriam os senadores e governadores dos estados, os meios políticos mineiros começaram a agitar-se.

Antônio Carlos, presidente do Partido Progressista, movimentava-se para fazer um candidato que lhe garantisse a sucessão de Getúlio Vargas. Insinuou, um dia, numa pergunta, com a arte política em que era mestre, se eu não estaria com vontade de voltar à Câmara. Reuniões de membros do Diretório do Partido realizavam-se em sua residência ou na do Presidente Wenceslau Braz, aliciado, com astúcia, para seus propósitos.

Eu assistia a tudo com a calma de quem estava seguro da vitória, por contar com o apoio decisivo do Presidente Getúlio Vargas e da opinião pública mineira.

Uma noite, o Ministro Capanema foi visitar-me no Hotel Glória e saímos juntos, pois eu ia falar ao presidente. Quando o automóvel parou no saguão do Palácio Guanabara e eu fiz menção de me despedir, voltou-se inopinadamente para mim, dizendo:

— Benedicto, se fosse você desistiria de sua candidatura ao governo de Minas. Ninguém na Comissão Executiva o quer. Eu mesmo, se o Getúlio não fizer questão, votarei no Valdomiro.

— Não importa, Capanema. Veja que foi bom não haver aceito a carta que você me quis dar. Mas fique sabendo: vou ser o governador.

Capanema saiu zonzo para a casa do Antônio Carlos.

Subi para falar ao Presidente Getúlio, a quem contei o que se passara. Ele sorriu declarando:

— Deixe... Amanhã, falarei ao Capanema.

54
Tudo se modificou

Depois da determinação do Presidente Getúlio ao seu Ministro Capanema e da conversa mantida com Antônio Carlos e Wenceslau Braz, esta última na minha presença, tudo se modificou.

Viajei com a Comissão Executiva num carro da Central para Belo Horizonte. No Palácio da Liberdade, Antônio Carlos organizou, de acordo comigo, a chapa dos candidatos à Câmara dos Deputados, na qual figuravam os nomes de meus secretários Noraldino de Lima e Carlos Coimbra da Luz e do chefe do meu gabinete, Juscelino Kubitschek de Oliveira; e sem qualquer resistência, a dos candidatos à Assembléia Constituinte Estadual, em que eu ficava com maioria absoluta, garantida assim a minha eleição e a dos dois senadores. Deu-se então pequeno incidente que narro porque vem corroborar a afirmativa de que eu elegeria quem quisesse.

Antônio Carlos apareceu no Palácio com um papel em que o Presidente Wenceslau desejava que eu garantisse, por escrito, a eleição de quatro candidatos que ele nomeava. Desses candidatos, dois eram meus amigos, sendo um meu colega de turma da Faculdade de Direito da Universidade do Brasil. Escrevi no papel: "De acordo, desde que isto não venha beneficiar minha candidatura." Lendo o que eu acabava de escrever, Antônio Carlos exclamou:

— Valladares, você está-me surpreendendo. Este documento o honra muito, vou guardá-lo.

55
Não vou não

Sendo candidato, passei o cargo de governador ao secretário das Finanças, Ovídio Xavier de Abreu, e transferi-me para a casa de Orosimbo Nonato, à Rua Guajajaras, que estava desocupada. Com minha saída, o Palácio da Liberdade esvaziou. Todos passaram a freqüentar a casa da Rua Guajajaras, onde se tratava exclusivamente de política.

Conta o Ovídio, com muita graça, que, sentindo-se isolado, sentou-se, uma tarde, à varanda para ver o movimento da Praça da Liberdade; lá embaixo passava, justamente naquele momento, o nosso conterrâneo e amigo engenheiro José Guimarães de Almeida. Ele chamou:

— José Guimarães, vem cá.

— Não vou não.

Passada a eleição, fui, em companhia de Mário Matos, Juscelino Kubitschek e Coronel João Câncio de Albuquerque, para a casa de minha irmã Belinha, na Fazenda da Cachoeira, onde nasci, aguardar o resultado da apuração que se processava nos municípios. Distraíamo-nos pescando, tendo Mário Matos demonstrado ser exímio pescador de piabas que, dada a pequenez da boca e a rapidez de movimentos, são difíceis de serem apanhadas. Pelo menos, é o que nos autoriza a dizer Bronfield, quando trata dos peixes.

Recebíamos diariamente o resultado promissor das eleições. Encerrada a apuração, reassumi o governo e o Ovídio retornou à Secretaria das Finanças.

56
A Constituinte mineira

Foram eleitas para a Constituinte mineira personalidades de tal envergadura que não podemos deixar de relembrá-las nestas memórias.

O Partido Progressista elegeu trinta e quatro deputados, sendo catorze bacharéis em direito, alguns dos quais advogados de nomeada, Abílio Machado, Lincoln Kubitschek, Sylvio Marinho, José Rezende Ferraz, Milton Soares Campos — mais tarde governador de Minas, senador federal e ministro de Estado. Antônio Camilo de Faria Alvim, Antônio Benedicto Valladares Ribeiro, ex-secretário do Interior interino do governo João Pinheiro e ex-senador estadual no governo Raul Soares. Antônio Augusto Junqueira, Bilac Pinto, atual embaixador do Brasil na França. Fábio Bonifácio de Andrada e Silva, Gastão de Oliveira Coimbra, José Bonifácio Lafayete de Andrada, atual deputado federal. José Martins Prates, Juvenal Gonzaga Pereira da Fonseca. Catorze médicos, Dr. Miguel Baptista Vieira; Dr. Waldemar Soares; Dr. Adolpho de Oliveira Portela; Dr. Alfredo Soares Lima; Dr. Antônio Amador Álvares da Silva; Dr. Dorinato de Oliveira Lima, conceituado cirurgião; Dr. Édison Álvares da Silva, posteriormente secretário das Finanças; Dr. Jefferson de Oliveira; Dr. João Camilo Teixeira Fontes; Dr. Nestor Foscolo, escritor; professor Olyntho Orsini de Castro, catedrático da Faculdade de Medicina, depois secretário da Saúde; Dr. Orlando Barbosa Flores; e Dr. Philippe Balbi. Dois engenheiros, José

Rodrigues Seabra, secretário de Estado, e Alberto José Alves. O fazendeiro Arthur Tibúrcio Ribeiro, o farmacêutico João de Almeida Lisboa e o Cônego Domingos Ferreira Martins, virtuoso e estimado sacerdote que tem para mim a grande importância de me ter levado à pia batismal.

O Partido Republicano Mineiro elegeu treze, sendo sete bacharéis em Direito: Aloysio Leite Guimarães; João Edmundo Caldeira Brant; Jorge Carone; José Maria Lopes Cançado, mais tarde deputado federal; Ovídio João Paulo Andrade; Tristão da Cunha, depois deputado federal e secretário das Finanças; e o diplomata ilustre Afrânio de Mello Franco, na sublegenda "União Minas Autônoma". Cinco médicos: Dr. Ary Teixeira da Costa; Dr. Antônio de Oliveira Guimarães; Dr. Eliseu Laborne e Valle; Dr. Manuel Rodrigues de Souza; e Dr. Paulo Pinheiro Chagas, mais tarde deputado federal e ministro de Estado. Os Padres Symphronio Augusto de Castro e Agostinho de Souza.

57
Instalação da Assembléia Constituinte e eleição do governador

Instalada a Assembléia Constituinte, realizou-se a sessão para escolha do governador constitucional do estado.

O líder da minoria, Deputado Ovídio de Andrade, ocupou a tribuna para fazer uma declaração sobre a conduta de sua bancada na Assembléia e se retirou do recinto com os seus companheiros, deixando a impressão de querer evitar que alguns votassem no candidato do Partido Progressista.

O deputado da União Minas Autônoma, Afrânio de Mello Franco, não compareceu à sessão.

Iniciada a eleição, o Presidente da Constituinte, Dr. Abílio Machado, nomeou fiscais os deputados Olavo Bilac Pinto e Jefferson de Oliveira.

Acompanhei pelo rádio do Palácio a apuração; quando se contaram vinte e cinco votos a favor de meu nome, os constituintes prorromperam em entusiástica salva de palmas e vivas ao governador eleito. A votação foi concluída com a unanimidade dos deputados do Partido Progressista, em número de trinta e quatro.

Foram eleitos também os senadores José Monteiro Ribeiro Junqueira e Valdomiro de Barros Magalhães. Este recebeu ainda alguns votos da bancada do Partido Republicano Mineiro, que retornara ao recinto.

58
O governo

Organizei o governo com a preocupação de servir ao estado, mas também de atender às diversas correntes políticas conciliadas em torno de meu nome.

Nomeei para a Secretaria da Educação o professor José Bonifácio Olinda de Andrada, filho do Presidente Antônio Carlos, para a do Interior Gabriel Passos, indicação do Presidente Getúlio Vargas para agradar à ala política que ficara contrariada com a minha nomeação para interventor.

Pelo Decreto nº 2, de 5 de abril de 1935, desdobrei a Secretaria de Agricultura e Viação e Obras Públicas. Nomeei Raul de Noronha Sá, da corrente Wenceslau Braz, secretário da Viação e Obras Públicas, mantive Israel Pinheiro na Secretaria da Agricultura, Indústria e Comércio e Ovídio de Abreu na de Finanças, Mário Matos na Imprensa Oficial, Coronel João Câncio de Albuquerque na chefia da Casa Militar.

Nomeei Olyntho Fonseca chefe de gabinete, em substituição a Juscelino Kubitschek de Oliveira, que fora eleito deputado federal, e Octacílio Negrão de Lima prefeito da capital, conservando Mário Álvares da Silva Campos na Diretoria de Saúde Pública.

59
O que não aparece

Logo depois da posse, o Prefeito Octacílio Negrão de Lima foi ao Palácio conversar sobre a administração da capital.

— Vou construir a sede da Prefeitura e um teatro.

— Não, Octacílio, você vai é cuidar da rede de esgotos, canalizar os córregos, asfaltar a cidade e melhorar o seu serviço de água.

— Isto não aparece.

— Pouco importa, nosso dever é trabalhar para o povo sem nos preocuparmos com o aplauso.

— É, você tem razão.

— Engenheiro inteligente, você compreende que os serviços de saneamento devem estar em primeiro lugar na administração de uma capital.

— Agradeço o elogio.

E meteu mãos à obra com dinamismo surpreendente. Ruas, avenidas e praças eram abertas e calçadas. Concluiu-se a Avenida do Contorno, tornando-se necessária a desapropriação de terrenos que haviam sido vendidos dentro do traçado daquela artéria. A enorme barroca, que enfeiava a cidade, foi nivelada e a terra vermelha das ruas, avenidas e praças, novas e antigas, desapareceu debaixo do asfalto. O seu trabalho, com o auxílio financeiro do Estado, fazia-se sentir tanto no centro da cidade como nos bairros.

Sabendo de meu interesse pelo esporte, convidou-me um dia a ver uma feia depressão existente perto do Palácio, entre a Rua da Bahia e a Rua do Espírito Santo, e perguntou-me:

— Acha que devemos fazer aqui um jardim ou um clube?

— Um clube, sem dúvida.

— Pois bem, vamos fazer.

E surgiu a Praça do Minas Tênis Clube.

O meu interesse pela Capital levava-me a estar sempre visitando as obras com o Prefeito Octacílio. Certo dia, convidou-me:

— Vamos comer churrasco à beira de um córrego?

E lá se reuniram governo, políticos e representantes das classes produtoras.

Depois de ouvir a exposição sucinta, mais clara, de Octacílio sobre a obra que pretendia realizar naquele local, não só para embelezamento da capital, mas também para suprir a falta de água, dei todo o apoio do governo, inclusive financeiro. Fiz o elogio do prefeito, homem mais de atos que de palavras e concluí ter "o governo suas vistas sempre voltadas para Belo Horizonte, e, com a colaboração da inteligência e cultura de Octacílio Negrão de Lima, havia de fazer da capital uma grande oficina de trabalho, para orgulho de Minas e do Brasil".

E assim foi iniciada a célebre Pampulha.

Mas Octacílio não descansava e quando deixou a Prefeitura estava também construída a sua sede.

60
O minuano claro

Um vento novo soprou em Minas, acordando aquelas montanhas de terras na sua maioria sáfaras e subsolo riquíssimo, que ainda não foi convenientemente explorado.

O dinamismo de Israel Pinheiro na Secretaria de Agricultura despertou os lavradores para, deixando os processos rotineiros, ainda advindos da África, de roçar, queimar e plantar, porem-se a rasgar a terra com as máquinas que já começavam a ser fabricadas em Minas. O governo traçou um plano de desenvolvimento racional da economia do povo mineiro, de modo a facilitar-lhe o trabalho, aperfeiçoá-lo, tornando-o mais produtivo e rendoso. Com este objetivo, criou órgãos de assistência, de ensino, de fomento e de controle.

A Feira Permanente de Amostras, em Belo Horizonte; "Packinghouse", em Leopoldina; Cooperativa Vinícola, em Caldas; Feira Permanente de Animais, em Belo Horizonte; Exposições Pecuárias, Instituto Biológico, Entrepostos de Leite e de Gêneros, em Belo Horizonte; Banco Mineiro da Produção, Companhia de Armazéns Gerais, Rádio Inconfidência, revistas, jornais — foram outros tantos órgãos de assistência, propaganda e difusão, com o fito de orientar o produtor permanentemente, acompanhando-o em todas as fases de sua atividade, até o final da colocação dos produtos.

Modernizar a técnica do trabalho agrícola e pecuário, melhorando o rendimento do esforço humano, era dever do governo. Daí a Fazenda Escola Florestal, com hotel gratuito para fazendeiros; a Escola de Veterinária, em Belo Horizonte; a Escola de Laticínios "Cândido Tostes", em Juiz de Fora, que revolucionou o fabrico de queijo em todo o país; a Escola das Indústrias de derivados da produção vegetal, de Itajubá; e os campos de cooperação em que o Estado, além de fornecer técnicos especializados, concedia tratores e máquinas agrícolas com o fim de auxiliar e incentivar a produção. Neste sentido foi fator decisivo a seleção das sementes pelo apuro da qualidade, tipo, aceitação nos mercados externos, rendimento e imunização às pragas pelo bem-feito expurgo. Agrônomos da Escola de Viçosa orientavam o plantio do fumo, da mamona e do algodão. Foi tentado o plantio de trigo, tendo para isto o governo obtido a colaboração do célebre professor italiano Girolano Azzi, que, depois de percorrer Patos de Minas e Montes Claros, chegou à conclusão de que podia ser tentado na terra "poenta" de Patos, que, além de sua fertilidade, apresenta qualidades físicas verdadeiramente notáveis. Sobre o aproveitamento do trigo caboclo, cultivado há mais de um século em Montes Claros, encontrou um problema de genética muito sedutor. Esclarecido assim o assunto, chegamos à conclusão de ser melhor plantar o arroz, que produz economicamente, e importarmos o trigo, a fim de podermos também exportar alguma coisa.

Com a ajuda do Governo da República, fornecíamos reprodutores para melhorar nossos rebanhos. Colaboramos na construção das Exposições Pecuárias de Curvelo, Uberlândia e Uberaba, sendo desta última artífice principal o saudoso Ministro Fernando Costa.

61
Bom governador

O secretário do Interior, Gabriel de Rezende Passos, entendeu de modificar a política que eu vinha fazendo em diversos municípios. Mandava ao Palácio atos com os quais eu não podia concordar e assim fazia substituir por outros. Entrou em divergência com o chefe de polícia e enviou-me uma reforma que apreciei, escrevendo-lhe:

> Verifiquei que, pela reforma apresentada, as repartições da Chefia de Polícia se entrosam, por tal forma, dentro da Secretaria, que se anula por completo o cargo de Chefe de Polícia.
> O Presidente Olegário restabeleceu esse cargo por julgá-lo necessário. Acho que o Presidente teve razão: as repartições que ora estão afetas à Chefia exigem, por sua natureza, um chefe cuja atividade possa ser inteiramente absorvida pelas questões da ordem pública e pelas que se referem à própria estabilidade do governo. Esse chefe não poderá ter outras preocupações, nem voltar suas vistas para outros problemas administrativos. Em São Paulo, a necessidade de um serviço assim especializado determinou, mesmo, a criação de uma Secretaria de Segurança, cujas funções não diferem das de nossa Chefia de Polícia.
> Ora, o Chefe de Polícia, para exercer proficuamente o cargo, precisa ser prestigiado pelo governo e necessita de liberdade de ação, bem como da faculdade de controlar diretamente as repartições da Chefia, como o

Serviço de Investigações, a Superintendência da Guarda Civil, o Departamento de Assistência Policial e Medicina Legal, e as delegacias de polícia do interior, com os respectivos destacamentos locais.

O Álvaro Baptista, com sua larga experiência do assunto, sempre opôs sólidas razões aos desejos do Capanema, no sentido de pôr em execução a reforma que me é agora apresentada. O Luz caminhou um pouco na direção da mesma reforma, restringindo a autonomia necessária ao Chefe de Polícia. Pude verificar muitas vezes que essas restrições foram prejudiciais ao serviço e que, se não houve atritos entre o Chefe e o Secretário, foi porque havia, entre eles, velhos laços de estima.

Estamos, portanto, neste dilema: ou conservamos a Chefia de Polícia, com a autonomia que se lhe atribuiu, quando de sua criação, ou então a suprimimos, passando as atribuições do Chefe para o Secretário do Interior.

Agir por outra forma seria criar uma situação insustentável, entre o Secretário e o Chefe de Polícia.

Como o assunto é de grande relevância e não pode ser tratado com a urgência que o orçamento exige, prefiro adiar a questão, normalizando, por ora, apenas o caso do Pronto-Socorro.

Ante essas razões, dirigiu-me a seguinte carta:

Prezado Senhor Governador:

Esta carta se faz necessária para que eu cumpra o desígnio, que me impus, no dia de minha nomeação para o cargo que sua honrosa confiança me distinguiu: dizer-lhe leal e claramente tudo que, no serviço ou em conseqüência dele, me ocorresse e fosse capaz de trazer às relações entre mim e meu chefe qualquer sombra de equívoco. Igualmente, espero sempre de sua parte tratamento leal e franco, porque ainda estou convicto de que a minha escolha para Secretário do Interior, se foi, de certa maneira, escolha política, teve, contudo, como fonte inspiradora a amizade pessoal, que no amigo lhe fez ver qualidades inexistentes.

O meu incômodo está justamente nisso: percebo ter decepcionado o amigo, isto é, não haver afeiçoada a minha conduta de secretário aos moldes que talvez fossem os buscados pelo eminente chefe. Essa provável decepção quero reparar, pondo-o desde logo à vontade, com a afirmação de que, pouco vaidoso das posições a que a confiança de nosso bom povo e a generosidade de chefes me têm elevado, sou um demissionário permanente, no sentido de que, sem rancor ou mágoa, as deixo quando me convenço de que o meu esforço ou a minha dedicação constituem antes estorvo que facilidade ao desempenho da tarefa que me é confiada.

Penso, Senhor Governador, que estamos numa situação dessas. Percebo, por vários indícios, que a sua confiança foge ao Secretário do Interior e, como reputo essa circunstância prejudicial ao serviço a que me consagro e nociva ao prestígio de seu governo, assim como ao rendimento da Administração Pública, venho depor em suas mãos a pasta que me confiou no início de seu quatriênio.

Compreendo que os encargos decorrentes de sua alta investidura são árduos e pesados e que as dificuldades a vencer são ponderáveis; não me furtaria à parcela de responsabilidade que me coubesse, como nunca me furtei aos sacrifícios livremente assumidos, se não percebesse que o eminente amigo não deposita no seu Secretário do Interior a confiança que reputo imprescindível para ter ação desembaraçada e movimentos claros em benefício mesmo dos negócios públicos.

Não quero dar a esta carta um tom de queixa, ou de recriminações; não me porei, pois, a fazer relatório de fatos ou atitudes de que induzo a alegada falta de confiança. Um fato, entretanto, resume e ilustra a situação e, por isso, peço relevar-me o relato.

Aqui esteve uma comissão de Jacuí e, como demorasse a ser recebida (ela viera em ocasião coincidente com sua ida ao Rio), queixou-se a um nosso amigo da dificuldade em tratar de interesses do município com o Governo. Foi, então, aconselhada a procurar o Secretário do Interior, porque ele apuraria as alegações e as levaria ao conhecimento do governador para uma rápida e feliz solução: a essa vez, os homens do Jacuí ponderaram que toda gente sabia que o secretário não faria nem poderia fazer nada e que seria até prejudicial a sua intervenção; eis que recebida com desagrado pelo governador; disso — acrescentaram — estavam também certificados até por deputados...

Esse fato, em si, não tem importância, não valendo senão como um índice.

Por outro lado, funcionários há que, embora a mim subordinados hierarquicamente, se sentem encorajados a não me dar nem ciência de fatos graves relacionados à ordem e à segurança do Estado, por cuja garantia sou legal e moralmente responsável.

É verdade que elementos da Força Pública, como o Chefe do Estado-Maior, se têm mostrado leais e corretos com o Comando-Geral, dando-lhe ciência de ordens recebidas à revelia de seu superior hierárquico e que lhes cumpre obedecer e, com tal procedimento, ressalvam os créditos de disciplina e correção da nossa gloriosa corporação.

Esses fatos a que sumariamente e muito de alto me refiro, Senhor Governador, vencendo natural constrangimento, visam esclarecer o meu ponto de vista, justificando, em conseqüência, uma atitude: o prestígio que se possa invocar para um Secretário do Interior (mera projeção que seja do Chefe do Governo), não é para envaidecer o titular, mas sim para rodeá-lo, e ao Governo a que serve, da auréola de consideração e acatamento necessários ao bom desempenho de suas funções.

É assim pensando que julgo ponderável o motivo da demissão que ora lhe solicito.

Fazendo-o, quero ressalvar a minha inalterável amizade pessoal ao chefe e amigo, que tão generosamente me honrou, e, ainda, quero subordinar às conveniências de seus interesses políticos a oportunidade de sua efetivação.

Com muito e especial apreço, sou ded.º am.º e at.º ad.º,

Gabriel Passos

No mesmo dia, respondi, nestes termos:

Prezado amigo Gabriel Passos,

Em resposta à carta em que o distinto amigo solicita exoneração do cargo de Secretário do Interior, venho dizer-lhe que, com pesar, a concedo, porquanto, na exposição feita com serenidade e franqueza, considera difícil afeiçoar-se a meu feitio.

Colocando o assunto sob esse prisma de sensibilidade moral, não posso insistir pela sua permanência no cargo, embora lamente, com sinceridade, ver-me privado de sua colaboração inteligente, patriótica e dedicada.

Em nada, porém, se alterará a estima pessoal que consagro ao ilustre amigo há longos anos.

Como Chefe do Governo, cumpre-me agradecer-lhe os relevantes serviços que, na qualidade de Secretário do Interior, prestou ao nosso estado.

Faço votos pela merecida prosperidade de sua carreira pública.

Do amigo,

Benedicto Valladares

Indo Gabriel Passos procurar-me no Palácio, usei de franqueza; disse-lhe que ele estava bom era para ocupar o meu lugar. Como secretário, pretendia exercer as funções privativas do governador.

Nomeei secretário do Interior o Chefe de Polícia Domingos Henriques Gusmão Júnior, e, na vaga deste, o Capitão Ernesto Dornelles.

Preocupado com a situação de Gabriel Passos, que perdera a cadeira de deputado federal, escrevi ao Presidente Getúlio Vargas, lembrando a necessidade de colocá-lo.

Tempos depois recebi o seguinte telegrama do secretário da Presidência:

PRESIDENTE REPÚBLICA PEDE-LHE CONVIDAR O DR. GABRIEL PASSOS A VIR ATÉ O RIO PARA FALAR-LHE. CORDIAIS SAUDAÇÕES. LUIZ VERGARA.

E Gabriel Passos, que esteve para ser diretor da Instrução no Ministério do Capanema, foi nomeado para o alto cargo de procurador-geral da República.

62
Rádio Inconfidência

No meio do maior entusiasmo inaugurou-se a Rádio Inconfidência, que tantos serviços tem prestado a Minas Gerais. Por feliz coincidência, ocorreu a inauguração quando se realizava na capital o Segundo Congresso Eucarístico Nacional, com a presença de Sua Eminência Reverendíssima, o Cardeal D. Sebastião Leme, Legado de Sua Santidade o Papa Pio XI. Proferi pelo microfone da nova rádio as seguintes palavras:

> Ao inaugurar a Rádio Inconfidência de Minas Gerais, tenho a satisfação de saudar o povo mineiro, formulando votos pela prosperidade do seu trabalho profícuo no sentido do engrandecimento de nosso estado. Minas atravessa uma fase austera de reconstrução e exige de seus concidadãos o dispêndio de grande energia. É em nome deste povo, que deseja a grandeza do estado e da pátria, que saúdo a todos os Estados da Federação, na pessoa de seus governadores. Unidos num só pensamento em torno do Presidente da República, continuemos a trabalhar pelos ideais da nacionalidade. E assim, com grande júbilo, no momento em que se realiza o Segundo Congresso Eucarístico, aqui representado pelas suas figuras consulares, notadamente por Sua Eminência Reverendíssima, o Cardeal D. Sebastião Leme, Legado de Sua Santidade o Papa Pio XI, o que vale dizer, para glória nossa, pelo próprio Chefe Universal da Igreja.

63
Os pródromos da sucessão

Na época que estamos rememorando existiam dois pontos fixos na política nacional: o desejo do Presidente Getúlio de permanecer no governo e o do Presidente Antônio Carlos de substituí-lo. Sabendo que só poderia contar comigo se o Presidente Getúlio estivesse de acordo, Antônio Carlos passou a cultivar o Governador Flores da Cunha. O terreno era propício; Flores da Cunha jamais aceitou de bom grado a idéia continuísta de Getúlio. Ocorria séria divergência entre os dois, talvez em razão de temperamento e do modo de encarar a política. Relembro que tempos antes o presidente impedira meu comparecimento ao centenário Farroupilha para não prestigiar Flores da Cunha. Permaneci no Rio tentando uma pseudo-solução para o caso do Estado do Rio, entre o Almirante Protógenes Guimarães e o General Christóvão Barcelos.

Esta ausência valeu-me a longa e pertinaz antipatia do General Flores da Cunha.

Já percebendo os primórdios da sucessão presidencial, fui à casa do Antônio Carlos, e não o encontrei; estava em reunião com Flores da Cunha e outros na residência vizinha do Embaixador José Bonifácio. Chamado, veio eufórico ao meu encontro:

— Valladares, o seu Presidente Vargas vai ser deposto.
— Como assim?

— Venho de uma reunião em que está o Flores. A situação do presidente é muito precária, salvo se ele caminhar firme para a eleição. E você, qual é a sua atitude?

— Caio com o presidente.

— É um estoicismo. Este homem nem marca mais audiência para o presidente da Câmara.

Conversamos um pouco, deixei Antônio Carlos mais calmo e dirigime ao Palácio da Guanabara. Encontrei o presidente na saleta que dá para a escada à direita de quem entra, despachando papéis. Ouviu-me atentamente e recomendou:

— Volta lá e traz o Antônio Carlos.

Ao chegarmos, o presidente continuava na mesma saleta despachando os seus intermináveis papéis debaixo de uns respingos de chuva que caíam de goteiras do telhado.

— Que é isto, presidente?! — disse Antônio Carlos, cumprimentando-o.

— Estou deixando este telhado para você consertar.

Antônio Carlos estremeceu. Ouviu a conversa do presidente sobre a política do Rio Grande, com leitura de cartas; quando saiu, disse-me:

— O presidente está muito forte.

Era outro homem, alegre, jovial; evidentemente, a mosca azul zumbia forte nos seus receptores.

64
As goteiras não tranqüilizaram

A figura mais interessante da política nacional foi o Presidente Antônio Carlos. Fino, arguto, perspicaz, ele só pode ser comparado a Disraeli. A seu respeito contam-se fatos que o aproximam do genial político inglês.

Certa feita, Gladstone atacava violentamente a Disraeli da tribuna da Câmara dos Comuns. Disraeli baixava vagarosamente a cabeça, sem apartear, deixando seus liderados desalentados. Ao término da oração, Gladstone deu um murro na tribuna, espalhando os papéis pelo assoalho. Disraeli levantou-se e disse com voz pausada:

— Sua Excelência foi muito, muito violento, mas o resultado de sua violência pode ser reparado facilmente.

Apanhou os papéis, recolocou-os na tribuna e se assentou.

A Câmara dos Comuns quase veio abaixo de aplausos.

O líder Antônio Carlos fazia um discurso quando foi violentamente aparteado por Maurício de Lacerda, que lhe pespegou um palavrão, destes que os políticos em geral colocam no campo da honra. Antônio Carlos interrompeu ligeiramente sua oração e replicou:

— Isto é uma injúria, mas não interessa aos debates.

E prosseguiu como se nada houvesse acontecido.

Pois bem, este homem superior virava criança quando se tratava de seus interesses políticos. Desconfiado comigo, porque sabia que não apoiaria sua candidatura sem anuência do Presidente Getúlio, tentou polarizar em torno de seu nome a política mineira. Marcou, de acordo com os Ministros Odilon Braga e Gustavo Capanema, uma reunião política em Juiz de Fora. Convocou os membros da Comissão Executiva do Partido Progressista, da qual era presidente, e toda a Assembléia Estadual, inclusive os deputados da oposição. Estava fazendo tão pouco do governo, que expediu os convites pelo rádio do Palácio da Liberdade.

Enviei o Chefe de Polícia Capitão Ernesto Dornelles ao Rio para comunicar estes fatos ao presidente acrescentando que, na minha opinião, Antônio Carlos se jogaria de qualquer forma na sucessão. Que a única dificuldade que eu iria encontrar em Minas era ser francamente de sua corrente política o presidente da Assembléia, Dr. Abílio Machado, meu amigo pessoal. Se o presidente achasse conveniente, eu promoveria a sua substituição. Recebendo resposta afirmativa, chamei Abílio Machado e expus-lhe a questão, declarando que estava na iminência de romper com Antônio Carlos e isto talvez o fosse constranger na presidência da Assembléia.

O Dr. Abílio, muito sensato e desprendido, concordou em não pleitear a reeleição. Pedro Aleixo, porém, amigo íntimo de Abílio Machado, não aceitou a solução e fez Milton Campos procurar-me. Dei a Milton as mesmas razões, mas nenhum deles mudou de opinião.

Muito a contragosto, não só por causa do Abílio, como também dos políticos seus amigos, tive de substituí-lo por Dorinato de Oliveira Lima. Antônio Carlos quis voltar atrás na sua atitude, mas era tarde. Fiz acordo com seus adversários Cristiano Machado, Bias Fortes, Levindo Coelho e outros, todos elementos do Partido Republicano Mineiro. Não foi possível, entretanto, fazê-lo com Arthur Bernardes presidente do Partido. Nomeei Cristiano Machado secretário da Educação, em substituição ao professor Olinda de Andrada.

O Presidente Getúlio, querendo completar a obra, chamou-me ao Rio para tratarmos da substituição de Antônio Carlos na presidência da Câmara dos Deputados. Mandou-me procurar, em seu nome, o Embaixador Raul Fernandes e oferecer-lhe o posto. Raul Fernandes pediu prazo para consultar o Governador Protógenes Guimarães, pois "não queria que acontecesse com ele o que estava sucedendo com o Antônio Carlos em Minas". Antes de vencer o prazo, respondeu aceitando.

A estima de que Antônio Carlos, excepcional presidente, gozava na Câmara e a campanha feita por Assis Chateaubriand nos *Diários Associados* concorreram para sua reeleição.

Na hora do pleito, Raul Fernandes foi à tribuna e disse que o governador de Minas tinha ido à sua casa oferecer-lhe a presidência da Câmara, esquecendo-se, naturalmente, de que eu era simples emissário do Presidente Vargas.

65
A prisão gorou

Meses correram, não muitos, quando fui chamado ao Rio pelo presidente, que me disse:

— Resolvi prender o Flores da Cunha, quando ele aqui vier. Desejo que você vá conversar a respeito com o Armando Salles. Para isso, já combinei um encontro de vocês, amanhã, às três horas, no Clube dos Duzentos.

E passou a tratar de outros assuntos.

No dia seguinte, fui em companhia de Mário Matos ao Clube dos Duzentos, onde encontrei Armando Salles. Sem mais delongas, deixei-o a par do que o presidente pretendia fazer. Armando, que, no momento, tinha suas relações estremecidas com o Flores da Cunha, concordou, ressalvando:

— É necessário que o presidente me mande avisar com antecedência...

— Direi isto a ele.

Depois da entrevista, saímos para o parque do clube a conversar sobre a sucessão presidencial. Em dado momento, observei:

— Para que haja sucessão é necessário que nenhum governador seja candidato.

Notei que Armando Salles não gostou da minha restrição.

De volta ao Rio, transmiti ao presidente a aquiescência do governador de São Paulo, mas concluí:

— Não sei se o senhor fará bem em prender o Flores...

— Realmente, refleti e não vou executar a prisão, que tinha por objetivo evitar derramamento de sangue no Rio Grande. O Flores vem aqui confiado em mim e sua prisão me deixará moralmente mal.

Prosseguindo, disse eu que notara o Armando Salles com certo desejo de ser candidato à sucessão presidencial.

— Já me falaram nisto.

Despedi-me do presidente e voltei a Belo Horizonte.

66
Candidatura única

Trabalhava pelo lançamento de uma candidatura única, não que fosse esta a fórmula ideal na democracia, mas era a que podia conseguir a sucessão do Presidente Getúlio Vargas.

Os governadores da Bahia e de Pernambuco, Juracy Magalhães e Lima Cavalcanti, entusiasmaram-se com a idéia. O governador do Rio Grande, Flores da Cunha, aceitava-a, mas o governador de São Paulo, Armando Salles, já estava contaminado pelo barbeiro da ambição política.

É uma carta de Juracy Magalhães:

> Confirmo o telegrama que hoje lhe passei, dizendo das minhas esperanças de que, do entendimento entre os Governadores de Minas, São Paulo, Pernambuco, Rio Grande do Sul e Bahia, resulte feliz solução para o intrincado problema sucessório.
>
> Acompanho com vivo interesse e simpatia sua patriótica atividade em prol de uma fórmula conciliatória que assegure ao Brasil um governo de ordem e trabalho. A hipótese de duas ou mais candidaturas, embora nobre anseio democrático, pode levar à derrocada o próprio regime, de vez que o ambiente político nacional está trabalhado por profunda e generalizada desconfiança. A luta talvez seja fatal à mesma República. Ademais, os prélios dessa ordem dividem bons cidadãos, patriotas sinceros, e amalgamam elementos deletérios com brasileiros prestantes. O bom, o verda-

deiro patriotismo está a indicar um entendimento entre as várias forças políticas nacionais, na base sugerida pelo Governador Lima Cavalcanti.

É nesse sentido que hoje lhe escrevo, levando a seu conhecimento que o Governador Cardoso de Melo Neto, antes de resolvido o recurso contra a sua eleição, nenhuma deliberação tomará, mas, tão logo liquide a honrada Justiça Eleitoral este lamentável processo de politicagem, tão à feição do velho regime, se disporá a participar dos entendimentos que todos desejamos. Foi assim que o Governador Lima Cavalcanti me transmitiu o pensamento da política paulista, ouvido do Deputado Valdemar Ferreira.

Prossiga o meu eminente amigo nesse profícuo e patriótico labor conciliatório, que, também aí, contará com a desenganada colaboração da Bahia.

Com a reiteração de minha estima pessoal, receba as cordiais lembranças do amigo, obrigado.

Fiquei contente com esta carta, onde se via a concordância com tudo aquilo que eu procurava realizar.

Em resposta, escrevi a Juracy Magalhães:

> As expressões de amizade e confiança com que me honrou em sua carta muito me sensibilizaram e fortaleceram em meu espírito a convicção de que atravessaremos as dificuldades da hora presente e chegaremos a uma solução que convenha aos interesses do país.

Armando Salles havia deixado o governo de São Paulo para se desincompatibilizar, pois desejava ser candidato à Presidência da República.

67
Entra em cena o Juracy

O presidente chamou-me ao Rio e pediu-me fosse à Bahia procurar impedir que Juracy Magalhães apoiasse Armando Salles. Não me autorizou a falar em seu nome. Juracy estava magoado com o Governo Federal porque o ministro da Justiça o hostilizava e, principalmente, a seu amigo Lima Cavalcanti, governador de Pernambuco.

Assenti disposto a seguir pelo São Francisco para não chamar a atenção. Assim se deu. Viajei no vapor especial "Wenceslau", da frota da Navegação Mineira, em companhia de meu assistente militar, Coronel João Câncio de Albuquerque, do prefeito da Capital, Octacílio Negrão de Lima, do diretor da Imprensa Oficial, Mário Matos, do secretário da Agricultura, Israel Pinheiro, e dos deputados Juscelino Kubitschek, Carlos Luz e Washington Pires.

Em Carinhanha encontrei-me com o Governador Juracy Magalhães, que trazia em sua companhia o Deputado Manuel Novais.

Escutando o rádio, na barranca do São Francisco, ouvimos a notícia de que o presidente havia exonerado o ministro da Guerra, General João Gomes, e nomeado o General Eurico Gaspar Dutra.

Durante a viagem, que foi ótima, não toquei no assunto. No Palácio da Aclamação, porém, veio ele à tona com a necessária cautela. Tive a certeza de que Juracy, que dizia contar com o Governador Lima Cavalcanti, não pensava em Armando Salles; estava desejoso de um candidato do Nordeste. Na ocasião, calculei que fosse o Medeiros Netto, presidente do Senado; mais tarde uma carta sua esclareceu o assunto.

Consegui que Juracy aceitasse um convite para uma estação de águas em Poços de Caldas e voltei para o Rio de hidravião.

Dei ao presidente conta de minha viagem e regressei a Minas, tendo antes estado com Francisco Campos e trazido cópia da constituição que redigira. Entreguei-a ao exame de um amigo para opinar, embora sem nenhuma convicção de que ela viesse algum dia a ser outorgada.

68
Conversa de mineiro

Com o lançamento da candidatura Armando Salles, assumiu o governo de São Paulo o Professor Cardoso de Mello Neto. O ambiente político começou a agitar-se. O presidente convocou-me a Petrópolis e incumbiu-me de articular um nome para sua sucessão.

— O senhor quer mesmo, presidente? Não posso expor Minas Gerais.
— Quero sim, pode articular.

Desci ao Rio, hospedei-me no Hotel Copacabana e comecei a convidar os representantes dos partidos estaduais no Congresso. Conversavam comigo e iam para o gabinete do ministro da Justiça, Agamenon Magalhães, que lhes dizia:

— Valladares não está incumbido pelo presidente de articular candidatura; isto é conversa de mineiro.

Ao terceiro, que me falou, respondi:

— Está bem, então, diante da atitude do ministro da Justiça, só me resta uma solução: afivelar as malas e voltar aos meus penates.

E assim aconteceu.

69
O voto secreto

Na presidência da Câmara, sem o apoio do governo, Antônio Carlos já não era o mesmo político. Acostumado a andar lépido com as lunetas do poder, tateava nos pedregulhos da oposição. Seu ambiente entre os parlamentares se rareava e foi fácil ao Presidente Getúlio substituí-lo na primeira eleição da presidência da Câmara pelo seu líder, Pedro Aleixo.

O nome do Deputado Pedro Aleixo encontrou a maior receptividade na bancada mineira. O classista Lourenço Baeta Neves, entretanto, me surpreendeu, dizendo:

— Não posso me comprometer com o nome do Pedro Aleixo, embora o considere à altura do cargo, porque o voto é secreto.

Votou, sem dúvida em Antônio Carlos, mas o seu voto não fez falta porque Pedro Aleixo foi eleito, em escrutínio secreto, por folgada maioria.

70
Excesso de autoridade

O ambiente em São Paulo entrava em efervescência. O General Góes Monteiro seguiu para ali e o efetivo do Exército foi aumentado. Estando no Rio, o presidente recomendou-me pôr a Força Pública de Minas à disposição do ministro da Guerra para seguir para São Paulo. Acrescentou que o governo do Espírito Santo já o havia feito.

— Toda?
— É.

Preocupado com o problema da sucessão, não havia, até aquele momento, prestado atenção ao pedido da Força Pública que estava sendo tratado pelo meu chefe de polícia, pessoa da minha absoluta confiança, Capitão Ernesto Dornelles. Não desejava de modo algum mandar a Força mineira lutar em São Paulo. Tínhamos saído de uma revolução em que os mineiros foram vitoriosos e os paulistas ficaram profundamente magoados, mas a ferida achava-se em período de cicatrização.

Voltando ao Rio para tratar da administração do Estado, o presidente indagou:

— Já pôs a Polícia à disposição do ministro da Guerra?
— Não.
— Então, ponha — disse com voz autoritária.

Fui para o hotel abafado. Deitei-me e fiquei revolvendo-me na cama até meia-noite. No meu cérebro passavam as coisas mais desencontradas. Um ponto, porém, era certo: eu não poria a Força à disposição do Governo Federal. À meia-noite levantei-me e telefonei ao presidente da Câmara, Pedro Aleixo, e ao líder da maioria, Carlos Luz. Não demoraram a chegar. Contei-lhes tudo e concluí que não atenderia ao pedido. Se houvesse intervenção em Minas, eu resistiria. Pedro Aleixo e Carlos Luz ficaram de pleno acordo comigo, até com certo entusiasmo. Lembrou-me o caso do Flores da Cunha e lhes disse que só comunicaria minha resolução ao presidente depois que estivesse em Minas, do contrário poderia ser preso.

Pela manhã mandei o prefeito de Poços de Caldas, Dr. Assis Figueiredo, a São Paulo, pedir a Armando Salles emissários seus e de Flores da Cunha para conversarem comigo sobre a situação. Passei no Palácio do Catete e disse ao presidente que ia a Juiz de Fora satisfazer exigência constitucional para poder continuar no Rio.

Quando ia saindo, parece que ele desconfiou de qualquer coisa, chamou-me, recomendando:

— Articula a candidatura de José Américo.

Segui para Juiz de Fora a toda velocidade. Chegando nas divisas de Minas já encontrei o comandante do 2º Batalhão, Coronel Anísio Fróes, com um caminhão cheio de soldados.

Mandei-o tomar o automóvel comigo e falei-lhe sobre os acontecimentos, dizendo que poderia haver intervenção em Minas e que eu estava disposto a resistir. Mas que a resistência só se poderia dar na Mantiqueira, em Barbacena, uma vez que Juiz de Fora era sede da Região. Que fizesse recolher todas as metralhadoras pesadas para o Batalhão de Barbacena; fuzis e soldados poderiam ir depois. Ao sair da cidade já passava pelos caminhões de metralhadoras que seguiam para Barbacena. Ainda de Juiz de Fora avisei ao comandante do Batalhão de Barbacena, Bias Fortes e Virgílio de Mello Franco para irem encontrar-se comigo. A minha decisão foi recebida com perfeita aquiescência pelos dois políticos que me acompanharam até Belo Horizonte.

O comandante do Batalhão, Coronel Vicente Torres, que mais tarde foi comandante da Força Pública, ficou organizando a resistência.

71
Guampada de boi manso

Chegando a Belo Horizonte, apesar de muito cansado, convoquei alguns amigos colocando-os a par dos acontecimentos. Respondi nos seguintes termos a um ofício do General Dutra pedindo pôr à disposição do Governo Federal a Força Pública:

> Acuso o recebimento do ofício nº 71, datado de 15 do corrente, em que V. Exa. me pede providência para que sejam postos à disposição do Governo Federal três batalhões da Força Pública do Estado, auxiliar do Exército Nacional, a fim de cooperarem com este, eventualmente, na manutenção da ordem pública.
> Convém ponderar, a esse propósito, que será preferível se mantenha a Força Pública Mineira dentro do território do Estado. Seu antecipado deslocamento para territórios vizinhos viria reavivar contra Minas animosidades trazidas pelas revoluções de 1930 e 1932, que meu governo tem procurado desvanecer para fortalecimento da unidade nacional.

Escrevi a seguinte carta ao Presidente Getúlio Vargas, enviando-a pelo meu chefe de gabinete, Olinto Fonseca Filho:

> A minha inalterável amizade pessoal a V. Exa., o fato de me ter V. Exa. distinguido para Interventor no Estado e as constantes relações que nos

unem me impõem o dever de, com a lealdade e a franqueza de sempre, e avivando o que tenho dito a V. Exa. em conversas e entendimentos, deixar claro meu pensamento em face do grave momento político que o país vive.

Por outro lado, tenho que cumprir os grandes deveres que contraí com o povo mineiro, sem me afastar dos seus sentimentos cívicos e políticos.

O Interventor escolhido por V. Exa. para o Estado de Minas, e seu atual Governador, tem-se extremado em provas de gratidão e lealdade a V. Exa.

Mas não devo, porém, e em razão mesmo dos sentimentos que me ligam a V. Exa., ocultar que a atitude de V. Exa. vem determinando o afastamento de outros governadores que, como eu, foram colocados por V. Exa. na posição que ocuparam, de Interventores.

Fora o caso do General Flores da Cunha, cujo dissídio com V. Exa. se pode prender a questões da política do Estado do Rio Grande do Sul, todos os demais se têm afastado pelo motivo a que me referi.

Por isso, julguei de bom aviso ajudar V. Exa. e, nesse sentido, observando o panorama da política nacional, e verificando que não havia aí coincidência com as idéias a mim externadas por V. Exa., procurei encaminhar a solução do problema presidencial para um candidato único.

Devo acrescentar que, até o presente momento, foi esta a única iniciativa de natureza política que, na órbita federal, tomei sem o aviso prévio a V. Exa. Estou persuadido de que, se assim não procedesse, a esta hora já estaria lançada à sua revelia uma candidatura à presidência da República.

A minha ação, entretanto, tem sido perturbada pelo Sr. Ministro da Justiça, que leva a V. Exa. informações tendenciosas a respeito da situação do país.

Não posso, digo-o com franqueza e inspirado no mais alto patriotismo, concordar com a maneira por que se está procedendo, a fim de se evitar ou perturbar a sucessão. O momento não explica nem justifica movimentos quaisquer no sentido de se implantar no país o regime ditatorial e qualquer tentativa em tal rumo nos levaria à desgraça de uma guerra civil, cujas conseqüências ninguém poderia prever.

A opinião pública do país assim o sente, veementemente, esteja disso certo o nobre Amigo, a quem o Brasil deve inestimáveis serviços.

Empenharei todos os meus esforços para a coordenação harmoniosa das forças políticas na solução do problema da sucessão, pois qualquer falta ou omissão de minha parte nesse ponto não encontraria perdão no ânimo justo e altivo do povo mineiro, cuja vocação política me impõe o dever de me conservar rigorosamente fiel aos princípios da legalidade.

Não desconheço que a nossa organização política e administrativa pode ter falhas. Mas o nosso dever será corrigi-las e supri-las pelos meios regulares. Assim corrigiu V. Exa. as falhas do antigo regime com leis sábias, que estão sendo e precisam ser respeitadas, implantando-se no Brasil os sadios princípios do acatamento à soberania popular. Se o que procuramos é concorrer para a felicidade do povo, pode V. Exa. estar certo de que o regime vigente a realiza, trazendo prosperidade e paz, pela confiança nos dirigentes escolhidos pelo próprio povo.

Devo ponderar a V. Exa., cumprindo ainda um mister de amizade, que entendo que a política do Rio Grande deve ser encarada em seu aspecto estadual, evitando o poder central medidas violentas que favoreçam a este ou àquele partido. Estou convencido de que, com essa conduta isenta e elevada de V. Exa. a situação do Sul há de encontrar solução satisfatória e pacífica.

Esse é o caminho pelo qual V. Exa. deixará o cargo engrandecido; e temo que tudo quanto daí se afastar nos leve aos declives de uma revolução, ruinosa para o país e somente vantajosa para os grupos extremistas que nos espreitam.

Por todas essas razões, resolvi regressar do Rio e expor de Minas ao prezado Amigo, nesta carta, o ponto-de-vista em que estou e me manterei, atendendo às aspirações de minha consciência e aos meus graves deveres para com Minas e o Brasil.

Qualquer que seja a impressão que tenha V. Exa. destas palavras, ditadas pela amizade e pelo patriotismo, pode continuar contando com o apoio de Minas para que logre terminar seu fecundo Governo sob os aplausos da opinião nacional.

Disse o meu emissário que o presidente, lendo a carta, empalideceu e perguntou:

— Onde está o governador?
— Em Minas.

Perguntou mais duas vezes:

— Onde está o governador?

— Em Minas.
— Pois bem, vou comunicar-me com ele.

O meu chefe de gabinete foi procurar Pedro Aleixo e Carlos Luz.

Os jornais noticiaram que ele dissera para seu secretário: "Guampada de boi manso..."

O presidente tentou comunicar-se comigo pelo telefone. Muito nervoso, respondi que não atendia. Chamou, então, meu concunhado, Ernesto Dornelles, e mandou-me pedir para não falar na Rádio. Respondi que não precisava ter susto, que eu apenas queria a eleição.

O ambiente no Palácio passou a ser o mais tenso possível, pois minha família, notadamente minha mulher, não podia compreender meu afastamento do Presidente Getúlio.

Daí a pouco o avião "Santa Maria", de propriedade de Moura Andrade, sobrevoava Belo Horizonte. Dele desceram os emissários de São Paulo, Henrique Bayma e Antônio J. de Moura Andrade, e o representante do Rio Grande do Sul, João Carlos Machado.

Henrique Bayma, muito inábil, queria que eu me manifestasse, desde logo, em favor da candidatura do Dr. Armando Salles. Respondi que se ele penetrasse no Palácio verificaria que eu não podia, por forma alguma, proceder assim. Meu desejo era que São Paulo viesse para uma convenção em que se escolheria livremente um candidato que harmonizasse a todos, inclusive o Presidente Getúlio.

Verifiquei logo que estava malhando em ferro frio, pois enquanto eu queria um candidato que harmonizasse o país, Armando Salles queria ser candidato do país. Percebendo que não havia solução possível com São Paulo e Rio Grande do Sul, dei tratos à imaginação para a escolha de um candidato. Sobre o assunto Juracy Magalhães me havia escrito:

> Assim, fica em campo a figura do ex-Ministro da Viação, cujo passado de dedicação à causa pública, a par das qualidades intrínsecas que o individualizam, são uma garantia para os destinos democráticos do país. Acresce que o Dr. José Américo centraliza uma grande corrente de simpatias entre as forças majoritárias da política nacional. Penso mesmo que será o candidato que menos resistência despertará, de vez que não há fundamentos honestos para um veto à sua candidatura.

Lembrando-me do que o presidente me dissera quando fui despedir-me, telegrafei-lhe consultando se aceitava o nome de José Américo. Respondeu-me imediatamente que sim, pois se tratava de um seu ex-ministro. Do Rio vinha um chamado urgente de Carlos Luz, pelo rádio:

> O Dr. Carlos Luz cumprimenta o Governador e informa que esteve à tarde no Guanabara com o presidente, que havia recebido sua carta. Disse o presidente que transmitisse a você a impressão causada pelo meu discurso na Câmara, sobre a sucessão, repetindo as palavras dele. Disse que você devia voltar para continuar a coordenação pois os delegados já estão chegando. O presidente reafirma seus propósitos para a sucessão. Julga-o vítima de alguma intriga e considera que a coordenação deve continuar. Está interessado no seu discurso, esperando que nada nele desperte alarma ao país ou que não haja qualquer palavra que se preste a explorações. Estamos aqui Pedro Aleixo, Juscelino e Olinto. Pedro Aleixo vai falar depois de sua resposta.

Minha resposta foi esta:

> Não creio na afirmação ou o presidente não sabe o que se está passando. Estamos atravessando hora gravíssima em que se procura criar um caso com o Exército, que por enquanto está compreendendo a exploração. Se não se falar francamente em favor da paz, desfazendo equívocos, assistiremos dentro em pouco a uma luta de sérias conseqüências para o país. Não me move qualquer motivo pessoal contra o presidente, ao contrário. Não estou absolutamente intrigado, o que quero de maneira firme é concorrer para a manutenção do regime. Qual a opinião franca de vocês?

E Carlos Luz:

> Pedro Aleixo dará a nossa opinião.

Veio a opinião de Pedro Aleixo:

> Realmente, a hora é gravíssima. O Brasil inteiro tem os olhos voltados para Minas, cujo governador inspira geral confiança. Estamos de pleno

acordo com sua orientação. As notícias divulgadas quanto à sua atitude tranqüilizaram os setores políticos. Dia sereno na Câmara, onde se viveu sob a impressão da hora histórica na qual Minas cumpriu mais uma vez o seu dever, dizendo a palavra de paz e comando. Todos desejamos continue o Governador sereno, desapaixonado e digno como sabe ser. A atitude de Minas, pronunciando a palavra decisiva, é sobretudo insuspeita porque não aparece aos olhos do país como interessada no nome de qualquer candidato. Aliás, parece conveniente não cogitar neste momento de qualquer nome para candidato, pois isto traria em conseqüência o afastamento de elementos de valor, que estão interessados em certos nomes, e que verdadeiramente agora começam a perceber que o que na verdade importa é que haja sucessão dentro do regime, processada em ambiente de paz. Assim o nome virá naturalmente, como resultante da coordenação já iniciada sob o patrocínio sincero e firme do Governador de Minas, cuja palavra se fez ouvir na Câmara através das declarações peremptórias do líder Carlos Luz. Congratulações nossas com você e Minas. Há grande ansiedade quanto ao seu discurso no rádio.

Despedi-me e radiografei ao Rio, convocando a Belo Horizonte todos os políticos que Agamenon Magalhães não tinha permitido se harmonizassem comigo em torno de uma candidatura.

Mandei à imprensa esta nota:

> Convidei o Governador de São Paulo e o do Rio Grande do Sul para mandarem representantes a esta capital, a fim de que comigo conversassem sobre a paz e a manutenção do regime, que sentimos ameaçado.
>
> Daí a vinda, a Belo Horizonte, dos deputados Henrique Bayma, Presidente da Assembléia Legislativa de São Paulo, acompanhado de Antônio J. de Moura Andrade e João Carlos Machado, líder da bancada liberal do Rio Grande do Sul na Câmara dos Deputados. O ponto-de-vista mineiro, expendido nessa conversação, é o de nos mantermos integralmente ao lado da legalidade, por ela dando todos os nossos esforços.

Dirigi-me à sede da Rádio Inconfidência, onde proferi o seguinte discurso:

Chegou o momento de Minas Gerais dizer ao país a sua palavra franca e decisiva a respeito da sucessão presidencial.

Temos, até agora, nos conservado em silêncio e em observação, para melhor poder sentir o panorama brasileiro e as aspirações da nacionalidade.

Minas Gerais assumiu um grande compromisso na implantação do regime em que vivemos, como resultante do respeito à soberania popular, e, por isso mesmo, precisava aparecer no cenário da Federação sem pretensões outras além daquela que se refere à escolha de um brasileiro digno, filho de qualquer Estado da Federação, para a alta investidura de Presidente da República.

Nesse sentido, orientamos a nossa política e podemos hoje, sem incompatibilidades e sem prevenções, ajudar a encaminhar a solução do problema da sucessão presidencial. Sentindo que o panorama nacional exigia a nossa ação pronta, tivemos ensejo de nos entender com o senhor Presidente da República para que fossem consultadas as diversas correntes da política nacional na questão da escolha de um candidato.

Somos movidos, neste assunto de suma importância constitucional, pelo mais elevado patriotismo, visto como, neste instante, todos os brasileiros sentem que se procura abalar o regime que criamos com grandes sacrifícios.

A nossa palavra encontrou profunda ressonância no espírito elevado dos políticos brasileiros de maiores responsabilidades, e, assim, no dia 25 do corrente mês, em anunciada convenção, será escolhido o candidato que obtiver as preferências e a confiança cívica da nação.

Todos os estados se farão representar e estão, como tenho observado, sinceramente animados do mesmo pensamento patriótico do povo mineiro.

A nação pode, portanto, permanecer tranqüila, porque o regime, sob a ordem e a paz que desfrutamos, será mantido, com a força, a unidade e o poder conservador de todas as instituições da República.

72
Ambiente político se tranqüiliza

No dia seguinte recebi do líder Carlos Luz a seguinte carta:

> Sua atitude é comentada geralmente como expressão do gênio político mineiro, de que você é agora a mais alta expressão. Não há duas opiniões a respeito. E uniforme o julgamento.
> Ambiente na Câmara, ótimo. Uma certa apreensão entre aliados da hora difícil. Tranqüilizei-os hoje, os que pude encontrar, depois do seu recado telefônico: João Neves, Luzardo, Cincinato Braga, Paula Soares (do Paraná), Asdrúbal Soares (do Espírito Santo). A todos declarei que você não tinha compromisso quanto a candidaturas e que desejava um nome que realmente congregasse a opinião política do país. Cincinato declarou-me logo que sempre esteve tranqüilo a respeito e que de você não esperava outro gesto, senão esse, de alta correção política.
> Dei também ao presidente essa notícia e mais a de que você não escolheria candidato que pudesse magoá-lo. Estive com ele ontem, antes e depois do seu discurso, e hoje, depois da sessão da Câmara. Já lhe dei notícia do que ele me pedira lhe transmitisse, antes do seu discurso, conforme nossa conversação pelo rádio. Achei-o abatido e desapontado. À noite, o Guanabara estava cheio: Ministro da Guerra, da Fazenda, da Justiça, General Pinto e outras pessoas. Agamenon saía do gabinete quando eu entrava. O presidente estava calmo, pois já havia lido seu discurso ou dele tido notícia.

Hoje, novamente, quando eu entrava, Agamenon saía. Achei o presidente mais reservado.

Aliás, falei com franqueza ao presidente sobre esse ministro. É inteligente, dedicado à pessoa do chefe, mas apaixonado na ação.

Encontrei hoje o Campos saindo do Guanabara. Trocamos apenas ligeiras palavras, presente o João Alberto.

É opinião geral que você está agindo muito bem quanto ao apoio ao Governo Federal. Até elementos da antiga oposição (Cincinato, José Augusto, etc.) estão dispostos a facilitar a ação do Getúlio, desde que fique resolvido o problema da sucessão.

Ficarei na liderança até quando não veja no exercício do cargo incompatibilidade moral. Frouxas as nossas relações com o Governo Federal, de modo a que eu não possa defendê-lo, terei de deixar o cargo.

Transmitiu-me o Juscelino a intriga sobre o Exército. Virão outras, para nos criarem dificuldades. Transmitirei seu recado ao presidente.

Convenção — Sobre a Paraíba, é preciso convidar a bancada (8 deputados e 1 senador), todos contrários ao governador. Com este está apenas o Senador Duarte Lima, que é instrumento do Agamenon. O líder da bancada é Pereira Lyra, 1º Secretário da Câmara.

No Distrito Federal, convém não esquecer o Partido Economista, a que pertencem o João Daudt e o Dodsworth.

O Macedo Soares (senador) gostaria de receber um convite seu para ir até lá. É chefe de partido, homem combativo e cheio de bravura.

Sobre a reunião em Belo Horizonte, há opiniões contrárias, sob fundamento de que a maioria por essa forma se dissolveria (Cunha Mello, apud Cypriano), isto é, daria a impressão de hostilidade ao Governo Federal. Sua presença no Rio, para presidir ao conclave, dar-lhe-ia, a você, grande relevo e desarmaria intrigas, tranqüilizando mais ainda os meios políticos. Mas... e aqui você, e só você, poderia medir as conseqüências para a decisão final.

Cypriano teve aviso de que houve ordem para cessar a remessa de tropas para o Sul.

Conversei ontem com o Waldemar Ferreira, que me procurou para isso. Disse-lhe eu dos motivos que nos levaram à aliança com o PRP, e que nos obrigavam a tratar com a devida consideração esse aliado. Na resposta, revelou-se mais uma vez a intransigência peceísta: "É impossível: eles só querem o Poder." Ao contrário disso, o PRP, dotado de melhor educação política, admite até o apoio ao presidente, desde que se alcance solução nacional para o problema da sucessão.

E claro que tratei muito bem o Waldemar, que agora já me procurou mais confiadamente.

Preciso de constantes instruções suas, para que eu possa agir com segurança.

73
A candidatura

A meu convite, estiveram em Minas para trocarmos idéias sobre a escolha de candidato à Presidência da República os representantes dos estados do Amazonas, Pará, Maranhão, Piauí, Ceará, Rio Grande do Norte, Pernambuco, Alagoas, Bahia, São Paulo, Paraná, Santa Catarina e Rio Grande do Sul e do Distrito Federal; respectivamente, Senador Cunha Mello, Deputado Deodoro de Mendonça, Desembargador Souza Ramos, Deputado Agenor Monte, Senador Edgard Arruda e Deputado Olavo Oliveira, Governador Raphael Fernandes, Deputado Domingos Vieira, Senador Costa Rêgo, Deputado Clemente Mariani, Drs. Sílvio Campos e Manoel Villaboim e Deputado Cincinato Braga, Deputado Carvalho Chaves, Deputado Diniz Júnior, Deputados Batista Luzardo, João Neves da Fontoura e Deputado Nogueira Penido.

Todos receberam muito bem a sugestão da candidatura de José Américo de Almeida, que poderia ser indicado na Convenção, ou de outro nome, principalmente se Armando Salles comparecesse e abrisse mão de sua candidatura.

Escrevi a Armando Salles e ao General Flores da Cunha, apelando para o patriotismo de cada um deles, a fim de que o Brasil não se afundasse na subversão da ordem e do regime.

Eis as cartas:

Prezado amigo Dr. Armando de Salles Oliveira,

Escrevo-lhe esta carta sob a mais profunda emoção de patriota, que deseja sinceramente, até o sacrifício, o bem de sua pátria. A hora que estamos atravessando, V. Exa. com a sua agudeza de espírito já o compreendeu, é de suma gravidade para a nação.

Saímos há pouco de duas revoluções sucessivas, em que São Paulo e Minas tiveram atrozes sofrimentos que até hoje ainda sangram no nosso coração.

É necessário, portanto, agora que o Brasil vive um dos instantes mais felizes de sua vida de nação civilizada, desenvolvendo as suas forças econômicas dentro da paz e tranqüilidade, e que empreguemos todos os esforços para não regressarmos a uma situação muitas vezes pior do que as antecedentes.

Para isso, só vejo um meio: é que os homens públicos do Brasil, que têm, como V. Exa., sentimentos elevados e visão nítida dos acontecimentos, caminhem numa só direção, e firme da defesa de nossas instituições, fazendo por elas todos os sacrifícios, quer de ordem pessoal, quer de ordem política.

Minas Gerais não tem motivo para ser contra a candidatura de V. Exa., como também não o tem para ser contra as demais candidaturas que aparecerem. O que deseja Minas Gerais, sinceramente, é que do conflito de candidaturas enfraquecidas não surja a subversão da ordem e do regime. Devemos caminhar para uma candidatura única ou, então, para a de V. Exa. ou outra, mas fortalecida, a fim de amparar, de maneira eficiente, os destinos de nossa pátria. Nesta direção nós nos encontraremos e estaremos prontos a caminhar juntos, como Minas Gerais espera de sua clarividência e de seu patriotismo.

Amigo General Flores da Cunha,

Escrevo-lhe algumas palavras apenas para dar a V. Exa. a impressão exata do Estado de Minas Gerais na atual emergência política que atravessa o país.

Queremos, a todo transe, não medindo sacrifícios, a manutenção do regime e sentimos que, para isso, é necessário que todos os Estados do Brasil apareçam no cenário da política nacional com o mesmo desprendimento. Não temos candidato e aceitaremos um cidadão digno, que mais harmonize as diversas correntes políticas do país, porquanto, de uma luta entre candidatos fracos, só se aproveitarão os que desejam a subversão da ordem.

Faço ao eminente amigo, governador de um dos grandes estados da Federação, estado de que é filho o Presidente da República, a justiça de acreditar que sentirá comigo que precisamos andar alto, com o coração à larga, para o bem da pátria. Caminhar dentro da legalidade e pela legalidade, esquecendo ódios, questões pessoais, amizades e inimizades, só tendo em vista os interesses da nação.

Estou seguro de que V. Exa. agirá assim: ajudando a Minas Gerais na atual emergência, em que ela quer ajudar ao Rio Grande e à nação, estando pronta a colaborar na defesa das prerrogativas dos estados e das instituições, onde quer que sejam ameaçadas.

O nosso amor ao Brasil, às suas instituições, ao Exército Nacional, nos impõe, neste momento, uma atitude de firmeza e de serenidade, pela grandeza da pátria.

74
Pertencem à história

O ministro da Guerra, General Eurico Gaspar Dutra, não gostou da resposta ao seu Ofício nº 71 em que pedia providências para serem postos à disposição do Governo Federal três batalhões da Força Pública, e me escreveu uma carta confidencial, que passou a ser histórica, nestes termos:

> Acuso recebido o ofício de 16 do corrente, em que V. Exa., respondendo ao meu 71, de 15 do mesmo mês, opina pela manutenção da Força Pública mineira dentro do território do estado, em vez de pô-la à disposição do Governo Federal, para atender, eventualmente, à possibilidade do seu emprego.
> Esse ofício de V. Exa. causou-me, até certo ponto, alguma surpresa, dados os entendimentos que, de longa data — pode-se dizer — precederam a solicitação do apoio material do seu grande Estado em prol da manutenção da ordem no país. Como sabe V. Exa., o Exército Nacional não se aparelha nunca em proveito próprio, porque é mantido pela nação e para a nação. Conhece V. Exa., também, os fortes motivos que levaram o chefe do governo a tomar medidas acauteladoras da ordem pública. Entregue a segurança interna do país, sob o ponto de vista militar, à minha responsabilidade de soldado, sentindo sobre meus ombros todo peso de qualquer possível fracasso motivado pela inadvertência ou complacência políticas, coloquei-me tão-somente no rude terreno onde nós militares

costumamos, quando preciso, dar nossa própria vida ao ideal que nos anima. Tenho, assim, encarado todas as apreensões do momento sob o ponto de vista militar. Desde que V. Exa. em atitude tão digna e patriótica, assumiu o compromisso de pôr unidades da Força Pública do estado à disposição do Governo Federal, encarei a corporação armada de Minas Gerais como uma fração honrosa do nosso Exército, aguardando o momento oportuno do seu emprego, não para a satisfação de baixos instintos, de ambições estreitas, mas, exclusivamente, para a realização desse ideal comum de todos os brasileiros, que é conservar o Brasil em toda a grandeza de sua integridade.

Julgo necessária, Exmo. Sr. Governador, para que V. Exa. bem avalie a sinceridade da minha surpresa, lembrar que, desde janeiro, graças à alta compreensão do Governo de Minas, este grande estado, por intermédio de seu supremo dirigente, vinha se mantendo no melhor e mais patriótico entendimento com o Governo Federal, no sentido de anular qualquer desordem que ameaçasse o país. Foi assim que, por várias vezes, esteve em contato comigo o Capitão Ernesto Dornelles, Chefe de Polícia de Belo Horizonte, o qual em nome de V. Exa. e encaminhado a este ministério pelo Exmo. Sr. Presidente da República, me comunicou o alvitre do Governo de Minas sobre um aumento de efetivo da Força Pública, desde que as despesas dele decorrentes fossem custeadas pela União. Era necessário, para isso, que o Governo Federal, por um decreto, requisitasse a Força, proporcionando-lhe em conseqüência todos os meios necessários à sua manutenção. Entretanto, tendo V. Exa. apresentado ponderações, esse decreto não foi feito. Reafirmando, porém, seu ardor na defesa da ordem, V. Exa. continuou a demonstrar seu empenho em pôr à disposição do Exército os elementos de força de que pudesse dispor.

Seria, por certo, bastante fastidioso recordar todas as minúcias dos entendimentos que V. Exa. mantinha com o Governo Federal, nesse sentido. Limito-me a lembrar-lhe, todavia, que os arquivos do estado devem guardar, como guardam os deste Ministério, entre outros despachos cifrados, os seguintes, que me foram endereçados de Belo Horizonte:

"PALÁCIO LIBERDADE — BELO HORIZONTE — 27 DE ABRIL — 8 HORAS — GENERAL EURICO DUTRA — RIO — ESPECIAL — MG — EM VISTA SITUAÇÃO SR. GOVERNADOR DETERMINA FOR-

ÇA PÚBLICA PRONTIDÃO. UNIDADES COMBINADAS PRONTAS EMBARCAR. RESPEITOSAS SAUDAÇÕES — CAP. ERNESTO DORNELLES."

"PALÁCIO LIBERDADE — BELO HORIZONTE — 28-IV-37 — 23 HORAS E 10 MINUTOS — S/N ESPECIAL — ESTANDO IMOBILIZADAS COMPOSIÇÕES TRANSPORTE PREVISTO TROPAS FEDERAIS E ESTADUAIS, CONSULTO V. EXA. MOMENTO ESTAS UNIDADES PODERÃO SER ALIVIADAS, AFIM ESTRADA ATENDER PEDIDOS TRANSPORTES NORMAIS. AQUI TUDO BEM. TROPA PRONTA EMBARQUE. MORAL EXCELENTE. RESPEITOSAS SAUDAÇÕES. ERNESTO DORNELLES."

"PALÁCIO LIBERDADE — BELO HORIZONTE — 24-III-37 — 11 HORAS E 50 MINUTOS — S/N CIENTE 189 ESPECIAL — PEÇO PRIMEIRO DESTINO DOS BATALHÕES CAPITAL. O DE LAVRAS PRONTO CONCENTRAR SOLEDADE. SAUDAÇÕES. CAPITÃO DORNELLES."

Como vê V. Exa., havia a mais patriótica harmonia de vistas entre o Governo da República e o do Estado de Minas, para a manutenção da ordem. Entretanto, para legalizar a colaboração da Força Pública junto ao Exército, num momento em que a necessidade do seu emprego vinha se acentuando, V. Exa. num rasgo de boa vontade que me sensibilizou, teve a gentileza de redigir, de próprio punho, uma minuta de ofício que eu, como Ministro da Guerra, deveria dirigir ao Governo de Minas Gerais, solicitando-lhe, de acordo com o combinado, três batalhões para ficarem à disposição do Exército, minuta esta que se acha em meu poder e está assim redigida:

"Gabinete do Governador de Minas Gerais. Devido à situação que está atravessando o país, é necessário que o Governo do Estado de Minas Gerais ponha à disposição do Governo Federal três batalhões da Força Pública, auxiliar do Exército Nacional, para a manutenção da ordem pública."

Na mesma ocasião, o portador de V. Exa. mostrou-me também a minuta da resposta que o Governo de Minas daria à solicitação que veio constituir, afinal, a essência do meu ofício nº 71, em que pedia os três batalhões mineiros, resposta esta que, pelo que dizia a minuta, era a mais satisfatória possível, pois V. Exa., segundo aquela minuta de seu próprio punho, respondia que não só punha os três batalhões, como toda a Força Pública mineira, à disposição do Ministério da Guerra.

Sem outro intuito que não seja o de reavivar os fatos passados, para que V. Exa. tenha bem presentes as razões que me levaram a assinar o ofício nº 71 e os fundamentos em que me baseio para contar com o integral apoio do Estado de Minas numa eventualidade difícil para o Exército e o país, subscrevo-me com elevada estima e distinta consideração.

General Eurico G. Dutra

Em carta confidencial também, dei a seguinte resposta:

Exmo. Amigo General Eurico Gaspar Dutra,
Dou-me pressa em responder à carta confidencial de V. Exa. hoje recebida, na qual reconheço um relato fiel dos últimos acontecimentos em que V. Exa. e eu nos conduzimos com elevação e patriotismo.

É natural que V. Exa., à primeira vista, se surpreenda com os termos do meu ofício, em resposta àquele em que V. Exa. me solicitou pusesse à disposição do Governo Federal três batalhões da Força Pública mineira. Combinara com V. Exa. atender a essa solicitação, pondo à disposição daquele governo os três batalhões e mais outras unidades da Força Pública que se fizessem necessárias à manutenção da ordem. No meu ofício, porém, ponderei sobre a inconveniência da saída antecipada da Força mineira do território do estado, receoso de que, reabrindo velhas feridas, tal providência, erradamente interpretada como provocação, viesse prejudicar os meus contínuos trabalhos pelo fortalecimento da unidade nacional.

Sei que V. Exa., como sempre, nesse passo se conservou no seu ponto de vista de militar digno, objetivando em sua ação o respeito às nossas instituições; e por isso mesmo não lhe foi possível, como o foi a mim, que lidava em outros setores, embora com os mesmos propósitos, observar o ambiente político que se estava criando em virtude das atividades do Sr. Ministro da Justiça. A inopinada denúncia contra o Governador de Pernambuco; afastamento a que iam sendo relegados os governos da Bahia e de São Paulo; as constantes declarações de menosprezo pelo Parlamento Brasileiro e pelo regime; a censura ao meu telefone e ao do líder da maioria

— tudo nos levava a crer que o que o ministro tinha em vista não era somente a manutenção da legalidade, senão, também, através do enfraquecimento dos estados, o desprestígio das instituições.

Veio desse dado novo, como não podia deixar de vir, a mudança nos termos de minha resposta, que V. Exa. agora bem compreenderá.

V. Exa. sabe que governo um povo profundamente conservador, zeloso das nossas conquistas democráticas e com o vivo sentido de suas responsabilidades. Afastar-me desses sentimentos seria mentir ao mandato que me foi confiado; e foi por isso que assumi a atitude que V. Exa. conhece e cujo objetivo único é a defesa da legalidade. Nesse sentido o Governo Federal pode contar com todo o apoio do governo e do povo de Minas.

Vê, pois, V. Exa. que há entre nós perfeita identidade de vistas. V. Exa., que eu vi pela primeira vez em hora amarga, em defesa da ordem legal no momento em que também eu lutava, embora como simples cidadão, pelos mesmos objetivos, V. Exa. e eu não podíamos, realmente, deixar de nos entender.

Estou certo, portanto, de que, com a exposição desta carta, não pairará no espírito de V. Exa. a menor dúvida a respeito de minha conduta.

Com a troca destas cartas, ficou inalterada a nossa estima recíproca.

75
A Convenção

Passei a todos os governadores e presidentes de partidos estaduais o seguinte telegrama:

> Devendo realizar-se, no Rio, no próximo dia 25, a Convenção das forças políticas do país para escolher candidato à alta investidura da Presidência da República, no futuro quatriênio, tenho a honra de convidar o partido a que presidis para fazer-se representar. Cordiais saudações.

E dias depois realizava-se no Rio de Janeiro, no Palácio Monroe, a Convenção solene, com o comparecimento dos representantes dos estados: Amazonas — Senador Cunha Mello e Deputado Carvalho Leal; Pará — Deputado Deodoro Mendonça, Coronel Magalhães Barata e Deputado Luiz Martins Silva; Maranhão — Desembargador José Martins de Souza Ramos, Senador Genésio Rêgo, Deputado Magalhães de Almeida, Deputado Tarquino Lopes Filho e Deputado Lino Machado; Piauí — Deputado Agenor Monte e Deputado Hugo Napoleão; Ceará — Senador Edgard Arruda, Deputado Olavo Oliveira e Deputado Fernandes Távora; Rio Grande do Norte — Governador Raphael Fernandes, Deputado José Augusto, Deputado Martins Vera e Deputado Café Filho; Paraíba — Senador Duarte Lima e Deputado Botto de Menezes; Pernambuco — Deputado Severino Mariz; Alagoas — Senador Costa Rêgo e Deputado Orlando de

Araújo; Sergipe — Senador Augusto César Leite, Senador Leandro Maciel e Coronel Maynard Gomes; Bahia — Dr. Clemente Mariani; Espírito Santo — Deputado Francisco Gonçalves e Deputado Jair Tovar; Rio de Janeiro — Governador Heitor Collet e Senador Macedo Soares; São Paulo — Drs. Manoel Pedro Villaboim, César Lacerda de Vergueiro e Cincinato César da Silva Braga; Paraná — Dr. Carvalho Chaves, Senador Flávio Guimarães, Deputado Lauro Lopes, Desembargadora Paula Soares e Deputado Plínio Tourinho; Santa Catarina — Deputado Diniz Júnior, Deputado Ruppe Júnior, José Müller e Abelardo Luz; Rio Grande do Sul — Deputado Batista Luzardo, Deputado João Neves, Senador Augusto Simões Lopes, Deputado Demétrio Xavier e Dr. Miguel Tostes; Mato Grosso — Senadores João Villasboas e Vespasiano Martins; Minas Gerais — Governador Benedicto Valladares, Senadores Ribeiro Junqueira e Valdomiro Magalhães, Deputados Pedro Aleixo e Carlos Luz; Distrito Federal — Deputados Nogueira Penido, Henrique Dodsworth, Berta Lutz e Salles Filho; Território do Acre — Deputados Alberto Augusto de Oliveira Diniz e Cunha Vasconcellos e Dr. Hugo Vasconcellos.

O Palácio Monroe estava superlotado e, debaixo do maior entusiasmo, instalei os trabalhos com o seguinte discurso:

Senhores Convencionais

Ao instalarmos esta Convenção, convocada com o alto objetivo da escolha de um candidato à Presidência da República, devo dizer-vos algumas palavras de saudação e de fé no regime em que vivemos.

A maneira patriótica e elevada com que os homens públicos de todos os Estados da Federação, pelas suas agremiações partidárias, se vêm conduzindo, é justamente o que nos autoriza a confiar nas instituições políticas brasileiras. As democracias vivem, senhores, da nobreza de intenções de seus dirigentes e do respeito à soberania popular.

O atual Presidente da República, Sr. Getúlio Vargas, decretou, ainda no período ditatorial, leis que, sendo respeitadas, como têm sido, garantem ao povo brasileiro a plenitude do exercício de seus direitos.

Seus mandatários são os mais legítimos e têm, por isso, autoridade bastante para falar em nome da nação. Cumpre, portanto, que se não divorciem dos sentimentos e aspirações do povo.

Sente-se, na hora que atravessamos, que em nenhum país do mundo o cidadão goza de maior felicidade do que na democracia brasileira.

Foi com este alto pensamento que Minas Gerais procurou encaminhar a solução da escolha de um candidato à Presidência da República. Todos os estados compreenderam bem nossas intenções e compareceram aos entendimentos realizados, dominados pelos mesmos sentimentos de amor à pátria, dentro do sistema político que nos rege.

Desta Convenção sairá, pois, para a nação, a certeza de que o pleito que se vai ferir para a escolha, em voto secreto, do futuro Presidente da República, obedecerá aos mais puros sentimentos democráticos.

O regime, já consolidado pela autoridade moral com que, no Governo da República e nos estados, vêm sendo exercidos os cargos públicos, terá, agora, a sua glorificação.

Falaram diversos oradores e tudo terminaria normalmente não fora uma discussão entre Barreto Pinto e o saudoso Senador Costa Rego. O episódio deve ter desagradado ao Presidente Getúlio Vargas, pelo menos foi o que minhas antenas acusaram.

Feita a votação, foi proclamado, com os convencionais de pé, e debaixo de palmas, o Dr. José Américo de Almeida candidato à Presidência da República.

Proferi, então, o discurso final:

> Antes de encerrarmos os nossos trabalhos, tenho a honra de agradecer as palavras eloqüentes proferidas pelo deputado João Neves e pelo Senador Simões Lopes, de elogio a Minas Gerais.
>
> Foram realmente felizes os oradores, dando uma significação precisa à atitude de Minas na atual emergência política que atravessa o país. Como bem acentuou o Deputado João Neves, Minas Gerais, neste instante, não obedece senão à consciência cívica de seu povo.
>
> Os objetivos visados pelos políticos mineiros são justamente os que acabamos de obter, isto é, a escolha realizada, em perfeita harmonia, pelas forças políticas da nação, de um candidato digno de presidir aos seus destinos.
>
> Os conceitos, pois, que aqui se emitiram, nós os guardaremos como aplauso a Minas Gerais e à sua história política.

Creio interpretar fielmente o pensamento dos convencionais, exposto pelo Senador Costa Rego e pelos Deputados Barreto Pinto e José Augusto, que afinal se declararam de acordo nomeando uma comissão que vá à presença do Presidente da República, Sr. Getúlio Vargas, dar conhecimento de que na Convenção para a escolha do candidato à futura Presidência da República foi proposta e aprovada por todos os presentes, uma manifestação de aplausos pela maneira por que se vem conduzindo Sua Excelência no Governo da República, defendendo, com bravura e eficiência, as nossas instituições.

De conformidade, também, com o requerimento feito pelo Sr. Deputado Cunha Vasconcellos e aprovado pela Assembléia, nomeio os representantes dos Estados de São Paulo, Rio Grande do Sul, Paraíba, Bahia, Amazonas e Ceará para darem conhecimento ao Sr. José Américo de Almeida da escolha de seu nome feita pelas forças políticas do país, aqui presentes, para seu candidato à Presidência da República, no futuro quatriênio.

Agradecendo o comparecimento de todos, para cumprimento deste dever cívico para com a Pátria, declaro encerrada a Convenção.

76
Falar ao povo mineiro

Dias depois, José Américo viria a Minas assistir ao encerramento da Convenção do Partido Nacionalista. Era um grande partido que surgira com a fusão do Partido Progressista, elementos do PRM e outras agremiações, sob minha presidência, para apoiar-lhe a candidatura, uma vez que Antônio Carlos estava com Armando Salles.
Escrevi a José Américo a seguinte carta:

> Venho manifestar-lhe nosso agradecimento por haver aquiescido ao convite de estar aqui no dia 20 do corrente, para falar ao povo mineiro como candidato à Presidência da República.
> A 19 realizar-se-á a Convenção, a fim de organizar-se o novo partido político. É, pois, boa oportunidade para o senhor se pôr em contato com os representantes dos diretórios municipais.
> Recebi, pelo Luz, seu aviso de que deseja trazer o Deputado João Neves e outros correligionários. Isto nos dará prazer. Já convocamos o Costa Rêgo e pretendemos convidar a imprensa do Rio e de São Paulo para se fazer representar.
> Ser-lhe-á feita manifestação popular, em frente ao edifício da Feira Permanente, onde está instalada a Rádio Inconfidência, de cuja sacada terá o senhor oportunidade de falar ao povo. O local é apropriado, porque há facilidade de ampliadores e da irradiação dos discursos para todo o país.

Aguarda-se a presença do prezado Amigo à sessão de encerramento da Convenção do Partido, ocasião em que farei um discurso a respeito do programa da nova agremiação partidária e sobre sua candidatura. Falarão outros oradores, dando-se-lhe então ensejo de resposta. Ainda não está determinada a hora exata das solenidades. Logo que o esteja, avisar-lhe-ei.

Sugiro, data venia, a conveniência de versar o prezado Amigo, em seus discursos, teses conservadoras relativas à manutenção das instituições, à solução dos problemas sociais dentro da maior ordem e atendendo aos apelos justos, situando o governo como elemento de equilíbrio nas divergências surgidas entre as classes sociais. Nem para a direita, nem para a esquerda; o meio-termo conciliador, em que todos os brasileiros se sintam tranqüilos e felizes, podendo desenvolver livremente as suas iniciativas. Seria oportuno encarecer os preceitos religiosos compendiados na Constituição Federal.

Relativamente a Minas, agradará o senhor ao povo se disser que o seu problema é o econômico e financeiro. Unicamente da inteligente cooperação, como vem sendo feita, entre o governo do estado e o da União, poderão advir fecundos benefícios para Minas, que alcançarão todo o país, dado o entrelaçamento dos interesses da Federação. Minas possui subsolo tão rico que ninguém pode pensar em administrar o Brasil sem volver as vistas para este estado.

Será ainda do agrado do povo ouvir do prezado Amigo que, se for eleito, cooperará com o governo do estado na solução desses importantes problemas e cuidará também dos meios de transporte, de modo a sanar as dificuldades deste estado central, aparelhando as ferrovias, chamando à União a Rede Mineira, que está entregue ao estado, caso os mineiros, pelo seu governo, concordem. Cooperará com o governo do estado no seu programa rodoviário.

Terá ainda oportunidade de se manifestar sobre os problemas múltiplos da nossa economia, principalmente os que se entendem com a produção e movimentação das riquezas, por meio do barateamento e eficiência dos transportes, quer aéreos, quer terrestres.

Aproveito o ensejo para enviar-lhe minha última mensagem à Assembléia Legislativa do estado, pela leitura da qual, se lhe sobrar tempo, ficará a par da situação geral de Minas.

Recebi a seguinte resposta:

Foi com imensa alegria que recebi seu convite para visitar Belo Horizonte, justamente num momento em que se reorganizarão as poderosas forças partidárias que apóiam o governo e que me darão mão forte na Presidência da República, com o espírito de cooperação política que nos levará fortes e unidos ao patriótico desempenho de nossa missão pública.

Aí estarei para manifestar-lhe todos os meus compromissos no futuro que Minas Gerais me reservou pela sua orientação decisiva e agradecer aos mineiros a homologação dada à sua palavra de chefe.

Será, por enquanto, uma visita de cordialidade e gratidão. Depois, irei, em propaganda, aos pontos do interior onde julgar útil minha ação pessoal.

Versarei nos discursos que tiver de proferir aí as teses sugeridas, que correspondem, fielmente, ao meu pensamento público. Não as exporei ainda a fundo, por que desejo, antes, fixá-las na plataforma, de acordo com a média de opinião das correntes solidárias; mas, darei a impressão da sinceridade com que as cultivo.

Demonstrarei, por igual, em linhas gerais, como encararei a solução dos grandes interesses de Minas Gerais, que são, em parte, dos mais instantes problemas nacionais.

Por iniciativas oportunas, em cooperação, por todos os meios ao alcance de nossos recursos, estarei ao serviço desse maravilhoso campo de política concreta. Porque meu governo só será grande por essas grandes realizações.

Conversaremos sobre tudo mais que interessar à sua política e à sua administração, nas horas que reservar para essa troca de idéias.

A nossa causa corre da melhor forma. E, depois da convenção de Belo Horizonte, terá um impulso maior, para que possamos contar, não só com a vitória já assegurada, mas com uma grande expressão de força na nova ordem política a constituir-se.

77
A campanha

Debaixo do maior entusiasmo, iniciou-se a campanha eleitoral de José Américo em Belo Horizonte, com a presença do candidato. Todos os elementos de prestígio no estado estavam presentes.

Tive ensejo de, entre outras dissertações, proferir as seguintes palavras:

> O Partido Nacionalista de Minas Gerais consulta os sentimentos do povo mineiro na sua longa existência democrática. Concorrerá, de maneira natural e eficiente, para a defesa do regime em que vivemos, zelando pelos princípios básicos de nossa estrutura política, não-somente influindo na formação do cidadão democrata, capaz de respeitar a soberania do povo, como na manutenção, em toda a sua plenitude, dos órgãos do Estado Federativo que se afinem, nas deliberações, com o pensamento político de unidade da pátria.
>
> E este partido, homologando, de modo expressivo, a candidatura do Dr. José Américo de Almeida, escolhido na convenção de 25 de maio, demonstrou alta compreensão das funções que lhe cabem como órgão das aspirações do povo, principalmente daquela que a todas sobreleva e que é a sábia escolha dos que vão ser delegados da soberania popular.
>
> O passado do candidato de nosso partido atesta qualidades tão marcantes que fazem dele cidadão por todos os títulos à altura do cargo para o qual foi indicado pelas grandes forças políticas do Brasil. Possui o

Dr. José Américo de Almeida em sua formação moral e intelectual aquelas virtudes básicas que tão bem definem o *substractum* espiritual do povo.

A nação encontrará, na sua austeridade de cidadão, na sua probidade de homem público, na sua cultura, na sua inteligência, no seu devotamento aos problemas fundamentais do país, a garantia de que os seus direitos serão conduzidos por mão firme, prudente e esclarecida.

Vale acentuar, no que diz respeito à sua afinidade com o povo, a boa formação religiosa, que é o fundamento de sua personalidade moral, e os vivos sentimentos democráticos.

Filho de um estado que os acontecimentos políticos ligaram particular e afetivamente a Minas, apresenta-nos mais este elo que o recomenda à nossa estima e admiração. Saberá, assim, por todos esses motivos, defender os nossos puros interesses como o fará com os dos demais Estados da Federação.

Foi a consideração imparcial desses seus atributos de cidadão que inspirou o patriotismo das forças políticas, congregadas na convenção de maio, a apontá-lo como candidato à Presidência da República. Estamos convictos, por isso, de que os mineiros lhe sagrarão o nome no prélio eleitoral, seguros de que estarão exercendo, com clarividência, o mais alto dos direitos políticos, que é o de eleger o Primeiro Magistrado da Nação.

Quanto ao partido que acaba de ser organizado, bastam os compromissos assumidos pelos delegados do povo mineiro nesta convenção para gerar, em nosso espírito, a certeza de que o Dr. José Américo de Almeida será o eleito das preferências cívicas de Minas Gerais, no dia 3 de janeiro. A ampla liberdade do prélio político demonstrará que o eleitorado de Minas estará, como sempre, à altura desta liberdade, sagrando com o voto consciente e esclarecido o nome de um cidadão capaz de traduzir e concretizar em realidade os mais elevados imperativos do nosso patriotismo.

Presidiremos ao pleito com isenção e serenidade, não deslustrando o cargo, em cujo exercício somos o depositário de vossa confiança, e atento às imposições de nossa própria consciência.

E aqui cabe dizer que não teríamos dúvida em aceitar o gesto da vossa generosidade, ao eleger-nos presidente do Partido Nacionalista de Minas Gerais, se não fora a contingência de havermos, como governador do estado, de presidir às eleições de 3 de janeiro.

> Naturais escrúpulos nos impedem a honra de exercer a presidência do partido, pois não deve pairar, no espírito de nenhum mineiro, dúvida de que o governo, prosseguindo na sua forma invariável de conduta política, garantirá, como tem feito, a mais ampla e descortinada liberdade, na próxima eleição para a escolha do cidadão que será o futuro Presidente da República.
> Foi para afirmar este critério que comparecemos a esta Convenção e, ao mesmo tempo, para prestar-vos conta de nossa atitude na convenção de maio. Foi, sobretudo, para dizer-vos de nossa fé na democracia brasileira, a qual vosso entusiasmo, vosso amor a Minas, em suas mais caras tradições, e vossa dedicação à pátria, una e indivisível, próspera e feliz, não permitirão seja abalada pela ambição demagógica.

José Américo proferiu dois discursos, um no Teatro Municipal agradecendo aos convencionais do Partido Nacionalista, em que já demonstrava estar desconfiado do Governo Federal: "Juremos todos, pelas cinzas repatriadas dos vossos mártires, que não se destruirá a liberdade dos brasileiros, com falsos regimes de autoridade, que não passariam de regimes de submissão...". E o outro, por ocasião da grandiosa manifestação do povo mineiro, em que, sangrando em saúde, fala da instabilidade de sua candidatura: "Entre mil mentiras, espalhou-se uma que a todos fez descrer de uma vez das campanhas boateiras. Minas desertaria da palavra dada, com medo da derrota do meu nome! Foi boa esta mentira porque, de tão extravagante que era, não se acreditou em mais nenhuma. Tudo seria possível, menos a quebra da honra política tradicional de Minas, menos Minas fugir aos compromissos tomados, que seria fugir de si mesma, do seu passado e do seu presente, de um patrimônio moral mais precioso que todos os tesouros que enriqueceram o mundo."

Fora as advertências do instinto de gentio pressentindo tempestade ao longe, os seus discursos foram notáveis. Sua figura, que não era das melhores, se engrandecia ante a simplicidade de suas palavras, com o sabor que dá a eloquência da lógica. Em certos trechos, como: "Prometo tratar da coisa pública como se fosse minha, sem nunca poder ser", a gente tinha vontade de pedir bis.

Saiu de Minas inteiramente prestigiado.

78
Onde está o dinheiro

Dias depois, afastado do ambiente calmo das montanhas mineiras, começaram os discursos inconvenientes de José Américo. O primeiro, em que disse, no Rio de Janeiro, "sei onde está o dinheiro". Saberia mesmo? O mineiro, desconfiado, aferrolhava o pé-de-meia, murmurando: "Seu doutor, será que ele quer é o nosso?" Mas esse discurso teve até certo sabor, provocando dúvidas no espírito do povo. Inconvenientes foram os que pronunciou no Nordeste contra o seu maior eleitor por tabela, Getúlio Vargas. Refleti que, "debaixo de balas", não iria com ele às urnas e parti para o Rio a fim de pedir explicações.

Logo que soube da minha chegada, foi procurar-me no Hotel Copacabana.

Disse-lhe que não gostara de seus discursos no Norte, porque havia atacado o Presidente Getúlio Vargas.

Perdeu inteiramente a calma e iniciou um destampatório contra o presidente. Com dificuldade, consegui interrompê-lo.

— Doutor José Américo, o senhor está vendo mal as coisas; estou com a sua candidatura, mas sou amigo do presidente e contra ele não posso apoiá-lo. O senhor deve procurá-lo e se harmonizarem.

Respondeu-me que de forma alguma o procuraria, pois sabia que Getúlio não queria nada com a sua candidatura.

Despedimo-nos constrangidos.

À noite, fui ao Palácio e disse ao presidente que não havia gostado dos discursos de José Américo no Norte. Respondeu-me:

— Você fala assim, vou-lhe dizer: se o José Américo for à Presidência da República não poderei voltar ao Rio Grande, pois ele está feito com o Flores da Cunha.

— Vamos então arranjar outro meio; quero a eleição, mas nada contra o senhor.

Conversamos em afastar as duas candidaturas e escolher uma terceira.

— O senhor aceita um paulista, desde que não seja seu adversário?

— Aceito.

Combinamos que eu mandaria no dia seguinte um emissário ao Cardoso de Mello Netto e outro ao Flores da Cunha convidando-os a conversar sobre o assunto. Em certo momento, o presidente perguntou:

— Por que é que você indicou o José Américo?

— Não se lembra que quando saí agastado do Rio o senhor me mandou articular o nome do José Américo?

— Ah!... O José Américo é doido.

79
Missão importante

Despedi-me do presidente e fui para o Hotel Copacabana. No automóvel refleti sobre as pessoas que poderiam desempenhar a importante missão. Lembrei-me de mandar ao Sul o engenheiro Sylvio Álvares da Silva, que tinha estado no Rio Grande quando se organizavam as festas do centenário Farroupilha e entabulado relações com o Governador Flores da Cunha. Para São Paulo, ninguém mais indicado do que o meu secretário de Finanças, Ovídio de Abreu — discreto, calmo, paciente, estava talhado para a incumbência. Chegando ao hotel, chamei pelo telefone o Ovídio, que se encontrava em Belo Horizonte. Como já fosse tarde e o Sylvio Álvares estivesse no Rio, deixei para procurá-lo no dia seguinte.

De manhã acordei com um telefonema do Palácio da Guanabara; era o presidente que me mandava dizer enviasse apenas o emissário de São Paulo, deixando o do Rio Grande do Sul para depois.

Coloquei o Ovídio de Abreu a par de tudo e dei-lhe as instruções, que foram mais ou menos as seguintes: procurasse em São Paulo o Governador Cardoso de Mello Netto e lhe dissesse que eu estava convencido de que com as duas candidaturas postas não chegaríamos à eleição, e, se por acaso chegássemos, o eleito não tomaria posse. Como ele, Cardoso de Mello Netto, não estivesse ainda envolvido no caso político, podia prestar enorme serviço à nação. Fizesse sentir ao Armando Salles as sérias apreensões e propusesse, para o bem de São Paulo e do país, o afastamento das duas candidaturas e a indicação de um terceiro nome que o presidente aceitasse. Acrescentasse que ele conseguiria a minha adesão à idéia.

Disse ao Ovídio que ficasse bem claro com o Dr. Cardoso de Mello Netto que, se ele, em tese, aceitasse a sugestão, marcasse um encontro reservado comigo no Clube dos Duzentos.

Depois de combinar uma cifra, o Ovídio partiu para São Paulo.

80
Tertius

Conversei com o governador de Pernambuco, Carlos de Lima Cavalcanti, que ficou de pleno acordo com o afastamento das candidaturas de José Américo e Armando Salles, para a escolha de um terceiro. De Pernambuco enviou-me a seguinte carta:

> Mando-lhe agora as minhas notícias e as minhas impressões de ordem política. Chegando aqui ontem, embora nada falando sobre sucessão, entrei em contato com elementos os mais ponderáveis e representativos das classes conservadoras do estado. Há aqui uma espécie de alarme em torno dos últimos discursos do Dr. José Américo que as classes conservadoras começam a olhar com desconfiança e reserva.
>
> Estas as impressões que colhi de industriais, comerciantes, etc. As forças políticas, por sua vez, estão alarmadas diante das conjecturas do Dr. José Américo que já cogitou de governar sem as forças que o vão eleger. Em síntese: a candidatura do Dr. José Américo está perdendo terreno em Pernambuco e não posso garantir o seu sucesso, diante das dificuldades que estou encontrando.
>
> Estas informações que transmito para o seu conhecimento e em caráter rigorosamente confidencial são exatamente as que colhi.
>
> Continuo no ponto de vista que combinamos: o afastamento das ditas candidaturas para dar lugar a uma terceira é a única solução. Orientação

que coincide com o pensamento que tornei público tantas vezes: necessidade de dar ao problema da sucessão presidencial uma solução nacional, resguardando o prestígio e a sorte do regime.

É muito grave a situação do país e não podemos deixá-la ao azar. Não está em foco, apenas, um problema de política partidária, mas, ao mesmo tempo, um problema de política geral cujo sentido mais profundo é o da ordem e da segurança do país.

Aqui estou à sua disposição e, se for necessário, avise-me que voltarei ao Rio a fim de trabalhar ao seu lado. Meus objetivos são patrióticos e só desejo servir ao nosso país.

Remeto cópia do telegrama que dirigi ontem ao Presidente Getúlio.

Compromisso anterior forçou-me a falar na inauguração do Bureau da Candidatura José Américo. Proferi o seguinte discurso:

Meus senhores.

Ao inaugurarmos a sede do Conselho Nacional de Propaganda da candidatura José Américo de Almeida, na capital da República, cumprimos o dever de dizer algumas palavras que traduzam, de maneira clara, o pensamento do povo mineiro na emergência política que atravessa o país.

Tendo o estado de Minas Gerais grande responsabilidade nos acontecimentos políticos que culminaram na revolução de 1930, não poderia aparecer nos entendimentos para a escolha do futuro Presidente da República senão animado do mais elevado desprendimento.

Os abalos por que tem passado nosso país, dramatizados no movimento armado de novembro de 1935, despertaram nos mineiros, essencialmente conservadores, a necessidade de se unirem para a defesa das instituições.

Como senso agudo de quem sabe pressentir as tormentas, achamos que o ideal para o Brasil, nesta hora inquieta, seria uma candidatura única que irmanasse os brasileiros no mais sagrado pensamento do bem e da tranqüilidade da pátria.

Neste sentido, dirigimo-nos, em carta de 18 de maio do corrente mês, ao Sr. Armando de Salles Oliveira. Nosso apelo não encontrou eco no espírito daqueles que talvez achem mais encanto na luta para vencer ou ser vencido.

Formaram-se então as duas correntes: de um lado, a situação do Rio Grande do Sul e São Paulo e algumas oposições; de outro, a situação dos demais estados e oposições diversas.

Se Minas Gerais tivesse apenas o objetivo de vencer a pugna eleitoral, elegendo o Presidente da República, não poderia ambicionar situação mais vantajosa.

Movidos, entretanto, pelo mais alto patriotismo e sentindo os sobressaltos e as inquietações por que passa a nação, sob a ameaça dos punhos cerrados, impulsionados por estrangeiros, a se levantarem nas praças públicas, só podíamos continuar desejando uma fórmula política que harmonizasse todos os brasileiros em torno de um só nome para a Presidência da República.

Esse nosso pensamento tem sido francamente manifestado, sem prejuízo para a situação de nosso candidato, o grande brasileiro José Américo de Almeida, o qual, estou certo, com o seu patriotismo, sua desambição e seu amor ao Brasil, não seria empecilho a uma solução dessa natureza.

Não tendo, porém, sido possível essa harmonia política, por circunstâncias independentes de nossa vontade, não podemos deixar de declarar que a desejávamos, tocados pelo mais são patriotismo, e reclamar para Minas Gerais a justiça de que não lhe caiba a menor responsabilidade nas conseqüências de uma luta neste momento em que os brasileiros deveriam estar unidos para a defesa contra aqueles que querem abalar a nossa pátria em seus fundamentos.

Trabalharemos com ardor pela vitória da candidatura José Américo, que, pelo seu passado de homem público, pela sua inteligência, cultura e devotamento ao Brasil, é dos cidadãos mais dignos da alta investidura.

Ao mesmo tempo estaremos vigilantes ao lado das Forças Armadas na sua árdua missão de garantir a ordem e a estabilidade da pátria.

Ouvindo este discurso, todos devem ter compreendido que eu continuava a pleitear o afastamento das duas candidaturas, para surgirmos com um nome que harmonizasse a política brasileira, permitindo as eleições pelas quais o governo não manifestava nenhum entusiasmo.

81
As quintas-feiras do Cardoso

No dia seguinte, Ovídio de Abreu me enviou um cifrado dizendo que, com Queiroz Mattoso, estivera nos Campos Elíseos e transmitira minha mensagem ao Governador Cardoso de Mello Netto. Este mostrara-se apreensivo e pedira quarenta e oito horas para dar a resposta. À vista disto, ia para Poços de Caldas esperar que o prazo corresse.

De volta de São Paulo, Ovídio trouxe-me a resposta; o governador iria encontrar-se comigo na primeira quinta-feira, no Clube dos Duzentos. Transmiti a notícia ao presidente e voltei para Belo Horizonte. Retornei ao Rio e fui procurado, no Hotel Copacabana, por um emissário que me comunicou que o governador não tinha podido vir, mas viria na outra quinta-feira. Fui ao Palácio e dei conta ao presidente da delonga havida, retornando a Minas. Voltei ao Rio e lá me apareceu de novo o emissário; informou que o Governador Cardoso de Mello Netto mandava pedir desculpas, mas que infelizmente ainda não tinha podido vir encontrar-se comigo; viria na próxima quinta-feira, sem falta.

Contrariado, fui ao Palácio do Catete e narrei o que se passava ao presidente.

— Fica aí esperando, você gosta do Rio.
— Pois bem, ficarei.

Quarta-feira à noite, procurou-me no hotel o Dr. Alcântara Machado:

— O governador manda pedir desculpas, mas não pode vir encontrar-se com o senhor. O senhor é chefe da política mineira, ele não o é da de São Paulo.

Perdi inteiramente a calma e retruquei em alta voz:

— Doutor Alcântara Machado, eu sou um homem muito humilde, mas sou governador de Minas. Como tal não admito ser tratado desta maneira pelo governador de São Paulo. Então, ele marca vezes sucessivas um encontro comigo e não vem?! Eu queria apenas trocar idéias com ele sobre a escolha de um candidato paulista que evitasse fosse o país para a revolução. O senhor, por exemplo, seria aceito pelo presidente. E ele me tratou assim... Pois bem, o senhor agora vai dizer ao Governador Cardoso de Mello Netto que se prepare, porque vai encontrar-se comigo, não no Clube dos Duzentos, mas na Mantiqueira. Eu vou para a revolução!

O Dr. Alcântara Machado tentou me acalmar, mas foi debalde. Segui para o Palácio da Guanabara em companhia do meu assistente militar, que mal acabara de se refazer do susto que eu lhe passara com a minha gritaria.

82
Entreguei os pontos

Encontrei o presidente na saleta da escada na faina de despachar papéis.
— O senhor sabe o que venho propor?
— O quê?
— A revolução.
— Eu sabia que você chegava até aí, você é sincero, os outros não são.
— Mas há condições.
— Quais são?
— Que os militares sejam claramente informados e aceitem a revolução. Que a Força Pública de Minas não seja requisitada; irá sob meu comando. Não quero que o povo mineiro diga que fui para a revolução como maria-vai-com-as-outras.
— Aceito as condições. Quanto à primeira, você mesmo vai conversar com os ministros da Guerra e da Marinha.
Ele quis insinuar que, se a revolução triunfasse, eu continuaria no governo.
— Não, presidente, não quero agir neste assunto por interesse. Vitoriosa a revolução, o senhor será o ditador e fará o que entender.
Getúlio mandou buscar o texto da nova constituição e mo entregou.
— Talvez tenha de fazer alguma modificação nesta constituição.

— Pode fazer.

Recolhi-me ao hotel e, depois de ler os capítulos principais, resolvi introduzir um artigo estabelecendo que os prefeitos seriam nomeados pelos governadores. Quem ler atentamente a constituição verificará que ela é unitária, mas o inciso que estabelece "O prefeito será de livre nomeação do governador do Estado" veio transformar completamente o plano inicial.

Era um dispositivo esdrúxulo, mas necessário.

83
A data fixada

Na manhã seguinte fui à casa do Ministro General Eurico Gaspar Dutra. Levava a missão do presidente e a expus com franqueza. Ouviu-me atentamente e se pôs de tal maneira de acordo que não deixou a menor dúvida de que já estivesse dentro do plano revolucionário.

Folheamos juntos alguns capítulos da nova constituição.

Manifestou-se favorável ao dispositivo que eu pretendia incluir sobre a nomeação dos prefeitos. Afinal, disse-lhe:

— O presidente incumbiu-me também de conversar com o ministro da Marinha, Almirante Henrique Guilhem. Estou constrangido de procurá-lo para tratar de assunto tão delicado, pois não tenho relações com ele. O senhor poderia fazer-me este favor?

— Vou e depois passarei no hotel para lhe dar o resultado.

À tarde, o General Dutra procurou-me no Copacabana e disse-me que tinha estado com o ministro da Marinha.

— O Almirante Guilhem está alegando que as Forças Armadas não devem divorciar-se do povo. Fale ao presidente para chamá-lo e tudo se resolverá.

Saí com o General Dutra e, enquanto ele seguia para casa, fui ao Palácio Guanabara. Encontrei o presidente no seu costumeiro despacho de papéis.

— Já falei com o ministro da Guerra; está de pleno acordo. Quanto ao ministro da Marinha, o General Dutra acaba de informar que ele está vacilando, acha que as Forças Armadas não devem se divorciar do povo. O General Dutra me aconselhou a dizer ao senhor para chamá-lo.

— No primeiro despacho falarei com ele.

— Não, presidente, o senhor vai falar é agora; não voltarei a Minas sem deixar tudo resolvido.

O presidente riu, tocou a campainha, apareceu um oficial de gabinete:

— Chame o ministro da Marinha.

Ao chegar o ministro, retirei-me para a secretaria. Dentro em pouco o presidente chamava-me, dizendo:

— O ministro está de acordo.

O Almirante Guilhem reafirmou a sua aquiescência ao movimento e despediu-se.

— É necessário você mandar um emissário ao Norte avisar aos governadores, menos Juracy e Lima Cavalcanti.

— Vou mandar o Deputado Francisco Negrão.

— Agora procura o Dutra e combine tudo com ele; a data deve ser a da Proclamação da República.

84
O plano revolucionário

Fui à casa do General Eurico Dutra e o pus a par da conversa que tivera com o presidente.
— O que é que você quer?
— Desejo saber primeiro qual é a minha missão.
— Você deverá organizar duas brigadas. Uma virá para Juiz de Fora, a fim de atender ao Rio, em caso de necessidade. A outra para o sul de Minas, destino Poços de Caldas, para ocupar Campinas ao primeiro movimento de São Paulo. Devemos evitar o que aconteceu em 1932. A brigada que vem para o Rio poderá ficar sob o comando do Dornelles, comissionado no posto mais alto da Polícia. A brigada do Sul irá sob o comando de um coronel da Polícia. Convém você aproveitar os oficiais da missão do Exército nestas brigadas.
— Vou mandar a do Sul sob o comando do bravo Coronel Leri dos Santos. Seguirá nela também o Capitão Franklin de Moraes, ótimo oficial do Exército.
— Agora, de que você precisa?
— Munição, barracas de campanha e autorização para engajar reservistas na Força Pública. Todos os soldados da Polícia atiram de metralhadora; podemos de um batalhão fazer quatro, deixando as companhias de metralhadoras com os soldados da Polícia e organizando as de fuzileiros com reservistas do Exército.

— Está muito bem, pode engajar.
— O senhor vai me dar a ordem por escrito?
— Não é necessário, avisarei ao comandante da Região.

Despedi-me do general e voltei ao hotel, onde me aguardava o Deputado Francisco Negrão. Combinei com ele a viagem ao Norte, de avião. Redigimos uma carta para ser apenas mostrada a cada um dos governadores, menos, por deliberação do presidente, ao Juracy Magalhães e Lima Cavalcanti. E acertamos a cifra pela qual deveria me comunicar o resultado de sua missão:

1 — 22.405 = tudo bem
2 — 4.890 = há dúvidas
3 — 0.526 = cria dificuldades
4 — 0.942 = quer ouvir amigos

Negrão seguiu para o Norte e eu regressei a Minas.

85
Agora é tarde

Depois de meu compromisso com a revolução, todos se puseram ao lado da harmonia da política brasileira, pela qual vinha sofrendo e lutando há meses. Pedro Aleixo, supondo que me conduzia por interesse da política estadual, veio dizer-me que aceitava a candidatura de Israel Pinheiro ao governo de Minas. Eduardo Gomes chegou a pretender um encontro comigo, que não se realizou. Octávio Mangabeira, Armando Salles, todos queriam conversar até mesmo em Belo Horizonte.

A carta do Deputado Juscelino Kubitschek, que não sabia da revolução, retrata fielmente o estado de espírito dos políticos:

> Meu caro governador,
> Fui hoje procurado pelo Octávio Mangabeira que me pediu para ir a Belo Horizonte transmitir-lhe o que pensam da situação e o que pretenderiam fazer, caso você quisesse voltar a atitude que assumiu em setembro.
> Não achei de vantagem minha viagem. Ao regressar teria que apresentar qualquer resposta, coisa que pode não lhe convir, no momento.
> Mando-lhe, pois, sob a maior reserva, o que me disse ele.
> Mostrou-se muito impressionado com a palestra que teve com você. Declarou ao Armando que recolhera a melhor impressão possível e que o seu interesse comovente em procurar uma solução harmoniosa para o Brasil lhe tocara fundamente a sensibilidade patriótica.

Depois do primeiro encontro, procurou por todos os meios conduzir os seus companheiros para o ponto-de-vista que você defendia. Ainda em Porto Alegre, quando na presença dele e do Flores, o Armando recebeu um delegado do Cardoso de Mello Netto, sobre o projetado encontro com você, todos três opinaram de maneira decisiva para que isso se realizasse. O Cardoso, muito tímido, não quis assumir a responsabilidade.

Estudando, agora, a situação sob o prisma patriótico, reconhecem todos o valor inestimável dos esforços empregados por você na manutenção da paz e da ordem.

O quadro que se desenha é iludível: estamos frente ao caos.

O Getúlio já não pode controlar a situação. Para onde marchamos? Diante de tudo isto, pesando bem as responsabilidades, acham que a única salvação é nova composição política, na qual colaborem, e que tenha a sua orientação.

O Arthur Bernardes está plenamente de acordo em fazer frente única com você.

Disse-me até que o próprio problema da sucessão no estado terá por parte do Bernardes o apoio que você julgar necessário.

Foram-me ditas estas palavras que transmito o mais fielmente possível para chegar à seguinte proposta:

O Armando quer conversar com você. Depende de sua aprovação.

Em companhia do Octávio, irá ao lugar que marcar. Sugeriu Barreiro, por exemplo.

Acha que a congregação dos esforços salvará o Brasil e que estão prontos a todos os sacrifícios.

Traçou-me um quadro real da situação. Dispenso-me de o reproduzir, pois você melhor do que nós conhece-lhe as cores.

Disse-me outras coisas que não vem ao caso relatar.

Você julgue como achar melhor. Nem direi a ele que lhe escrevi.

Como sabe, aguardo suas instruções. Vou contar-lhe um pequeno episódio para aquilatar das modificações sofridas por alguns elementos. O Góes almoçou com um amigo nosso. Defendeu a reforma constitucional, sem repisar o tema favorito da ditadura.

A certa altura falou-se na prorrogação de mandato do Getúlio. "Getúlio ficar para quê?" — disse ele. Um dos sintomas do que se está passando. O controle do momento está saindo dos políticos.

Bem, meu caro governador, um afetuoso abraço do

Juscelino

P.S.: Explicou-me o Octávio que para solução política e pacificação do caso aceitam o *"tertius"* que ficar assentado, mesmo que não se consiga unanimidade em torno dele.

Rio, 3-10-37

86
Tem caroço

Logo que cheguei a Belo Horizonte mandei um emissário, Dr. Menelick de Carvalho, a Goiás e Mato Grosso, fazer a mesma coisa que o Deputado Francisco Negrão iria fazer no Norte. Paraná e Santa Catarina ficaram a cargo do presidente.

Revelei nosso projeto somente às pessoas que tinham de tomar imediatamente parte ativa na revolução, Coronel Alvino Alvim de Menezes, Comandante da Força Pública, Coronel Lori dos Santos e Capitão Ernesto Dornelles, lembrados para comandar as brigadas. Nenhum secretário ficou a par. Deixei de falar ao Prefeito Octacílio Negrão de Lima, ótimo auxiliar nessas horas excepcionais, porque vinha adotando atitude extravagante. Desejoso de me suceder no governo do estado, achou que o melhor caminho seria enfeitar de candidato o presidente da Assembléia, meu amigo Dorinato de Oliveira Lima. Liste aceitou os confetes e começou a agradar à oposição para contar com o seu apoio. Eu observava tudo sem deixar transparecer.

No dia em que cheguei do Rio, fui convidado pelo prefeito para inaugurar a Praça de Santa Teresa. Discursando, assinalei que:

Ao lado do bem-estar do povo de Santa Teresa, aquela praça iria beneficiar diretamente o Quartel do 5º Batalhão da Força Pública, que abre janelas para ela. Tratava-se de uma das unidades de melhores tradições em Minas, viga mestra da nossa brava milícia, cujo enaltecimento estava na primeira linha de nossas cogitações. Todo o nosso empenho consistia em vê-la grande e forte, para se pôr a serviço dos interesses da nação, como reserva do nosso glorioso Exército.

Ouvindo o discurso, o Octacílio, muito esperto, ficou desconfiado. Soube, por um de seus amigos, que ele comentara, na ocasião: "O discurso do governador está esquisito. Debaixo daquele angu tem caroço..."

87
Caiu no mato

É interessante observar o ser possível fazer-se uma revolução, às claras, sem o povo desconfiar. É que ela partia do governo, que estava acima de qualquer suspeita.

O Departamento de Instrução da Força Pública engajava soldados o dia inteiro e, às vezes, pela noite adentro. A condição para ser engajado era ter saúde e ser reservista do Exército. Em poucos dias, duplicou-se o efetivo da corporação militar.

Recebi o seguinte cifrado do General Dutra:

> ENVIADO PRIMEIRO LOTE MUNIÇÃO PEDIDA. SEGUEM TAMBÉM AS BARRACAS. SAUDAÇÕES CORDIAIS.

O Coronel Leri dos Santos e o Capitão Ernesto Dornelles, que eu comissionara, por decreto, no posto de Coronel da Força Pública, preparavam as suas brigadas para o embarque.

Certa noite, achava-me com amigos no Salão de Couro do Palácio da Liberdade, quando ouvimos pelo rádio do Rio o prefeito de Varginha, Dr. Jacy de Figueiredo, desenrolar uma catilinária contra mim, porque eu prestigiava o Dr. Manoel Rodrigues, presidente do Diretório Municipal de meu partido. O Dr. Jacy de Figueiredo pertencia ao PRM e estava com a candidatura Armando Salles.

Liguei o telefone para o ministro da Guerra e perguntei se não havia inconveniente em mandar desde logo uma companhia do 5º Batalhão para Varginha, a fim de, por brincadeira, assustar o prefeito que me estava atacando pelo rádio. Respondeu-me no seguinte cifrado:

RESPOSTA VOSSO ESPECIAL DE HOJE JULGO OPORTUNO INICIAR DESLOCAMENTO QUINTO BATALHÃO PARA VARGINHA.

No outro dia desembarcava naquela cidade o 5º Batalhão da Força Pública, preparado para entrar em combate, com burros carregando metralhadoras pesadas.

Logo que o batalhão desembarcou, o Dr. Jacy desapareceu. Seus adversários diziam:

— "Caiu no mato."

Um jornal do Rio chegou a noticiar, na ingenuidade do repórter, que eu havia mandado um batalhão contra o prefeito de Varginha.

Recebi do General Dutra novo cifrado, que dizia:

TIVE NOTÍCIAS ARDOR E ATIVIDADE V. EXA. VEM DESENVOLVENDO CAUSA ESTAMOS EMPENHADOS. SUGIRO AGORA INICIE CONCENTRAÇÃO DESTACAMENTO DORNELLES FRENTE SUL, ENTRE BARBACENA E JUIZ DE FORA, INCLUSIVE, DE MODO PODERMOS AGIR QUALQUER DIREÇÃO.

88
Foi mancada

Os batalhões da Força Pública, formando duas brigadas, com o efetivo de guerra, estavam sendo embarcados diariamente para o Sul, com destino a Poços de Caldas e Zona da Mata, rumo Barra Mansa, sob o comando, respectivamente, dos Coronéis Leri dos Santos e Ernesto Dornelles.

O comandante do 1º Batalhão, Coronel Francisco Brandão, pediu licença para falar-me.

Recebido no Salão de Despachos do Palácio da Liberdade, expôs o motivo de sua visita:

— Governador, eu venho fazer umas queixas. O senhor comissionou o Capitão Ernesto Dornelles no posto de coronel da Força Pública e entregou-lhe o comando de uma brigada que segue para Juiz de Fora, deixando como seus subordinados velhos coronéis da nossa milícia.

— É só, coronel?

— Não, as tropas estão embarcando, sem os seus comandantes saberem qual é a missão que vão desempenhar; nunca se fez isto em Minas Gerais.

— Coronel, embarque o seu batalhão — disse, com voz autoritária.

O Coronel Brandão fez continência e se retirou. Logo que saiu, mandei chamar ao Palácio o subcomandante, Major Antônio Pereira da Silva, a quem perguntei:

— Major, o senhor sabe que eu comissionei o Capitão Ernesto Dornelles no posto de coronel da Força Pública e o designei para comandar uma brigada que segue para Juiz de Fora, da qual faz parte o 1º Batalhão de que o senhor é subcomandante?

— Sei, sim senhor.

— Tem alguma objeção a fazer?

— Não, senhor. O Capitão Dornelles é um oficial do Exército, muito competente, e está à altura de comandar uma brigada da Força Pública em qualquer eventualidade.

— O senhor sabe que a tropa está embarcando sem conhecer qual é o objetivo?

— Sei, sim senhor.

— Tem alguma objeção?

— Não, senhor. O governador é quem sabe a hora oportuna de dar as instruções.

— Major, o senhor vai assumir amanhã, em Juiz de Fora, o comando do 1º Batalhão e só poderá ser exonerado deste comando quando eu não for mais governador do estado.

O Coronel Brandão seguiu com o 1º Batalhão para Juiz de Fora. No dia seguinte, foi destituído do comando e designado o Major Antônio Pereira da Silva para substituí-lo.

O interessante é que nunca ouvi falar houvesse o Coronel Brandão ficado magoado comigo. Militar honrado e inteligente, deve ter refletido melhor e compreendido que dera mancada.

O governador não poderia proceder de outra forma naquela situação.

89
Intervenção no Rio Grande

Recebi o seguinte cifrado do radiotelegrafista do Palácio do Catete:

> CHEFE COMUNICA FLORES EM VEZ DE RENUNCIAR RESOLVEU ENTREGAR POLÍCIA MILITAR QUE JÁ ESTÁ SOB AS ORDENS COMANDO REGIÃO. SAUDAÇÕES, AGUINALDO.

E, no mesmo dia, este do General Dutra:

> PARTICIPO TODAS UNIDADES BRIGADA MILITAR RIO GRANDE SUL PASSARAM DISPOSIÇÃO COMANDANTE 3ª REGIÃO MILITAR. CORDIAIS SAUDAÇÕES.

O presidente da República promoveu a intervenção no Rio Grande do Sul, nomeando interventor o General Daltro Filho, com o seguinte decreto:

> Artigo 1º — É decretada a intervenção federal no Estado do Rio Grande do Sul para manter a integridade nacional, nos termos do art. 12, nº I, da Constituição da República, combinado com o § 6º, letra *b*, do mesmo artigo.
>
> § 1º — O prazo de intervenção é de um ano, podendo, todavia, findar antes, se assim entender o Poder Executivo da União.

§ 2º — É nomeado interventor federal interino o senhor General-de-Divisão Manoel Cerqueira de Daltro Filho, que assumirá imediatamente o exercício das funções do seu cargo, observando as instruções que vierem a ser expedidas pelo Ministro de Estado da Justiça e Negócios Interiores.

Artigo 2º — O presente Decreto entrará em vigor a partir da data de sua publicação no Diário Oficial.

Rio de Janeiro, 19 de outubro de 1937, 116º da Independência e 49º da República.

Getúlio Vargas
José Carlos de Macedo Soares

90
A coordenação

Os emissários enviados para sondagem dos governadores dos estados do Norte e do Centro comunicavam-me o resultado de seus entendimentos através de mensagens cifradas.

Francisco Negrão me telegrafou de Vitória, Aracaju, Maceió, João Pessoa, Natal, Fortaleza, Teresina e São Luís dizendo que tudo ia bem. Acrescentou que o governador do Piauí queria vir com ele ao Rio. Telegrafou ainda de Belém e Manaus dando a mesma informação.

Menelick de Carvalho, de Goiânia, enviou-me o seguinte cifrado:

DE PASSAGEM POR ESTA BELA CAPITAL ENVIO RESPEITOSOS CUMPRIMENTOS A VOSSÊNCIA. ESTOU REGRESSANDO.

Trouxe-me este cartão do governador:

Goiânia, 30-10-937.

Prezado amigo Dr. Benedicto Valladares,

Tenho o prazer de lhe comunicar que estou de pleno acordo com o que me transmitiu o Dr. Menelick de Carvalho.

Pedro Ludovico

Eu mantinha contato permanente com o Presidente Getúlio Vargas, informando sobre o resultado das consultas dos emissários:

— Já recebi resposta Espírito Santo, Sergipe, Alagoas, Paraíba e Rio Grande do Norte. Tudo bem.
Piauí e Maranhão bem. Piauí quer vir com emissário Rio. Pará bem. Emissário segue Manaus.
— "Não há conveniência vir Piauí, embora não nos possamos opor. Convém tranqüilizá-lo. Getúlio Vargas.
— Amazonas bem. Telegrafei Piauí.
Goiás bem. Governador Piauí passou-me seguinte telegrama: Ciente dizeres telegrama preclaro amigo. Antes mesmo chegar-me sua ponderação já havia desistido viagem. Agradecido atenção. Cordiais saudações, Leônidas Melo, Governador Piauí.
Negrão voltou norte magnificamente impressionado atitude governadores e também sua situação perante meios políticos e populares. Sem que provocasse, colheu impressão geral o senhor não pode deixar o poder como garantia da Ordem Social Brasileira. Cordiais saudações.

— Muito satisfeito notícias me transmitiu sobre impressões viagem. Getúlio Vargas.

91
10 de novembro

Toda a tropa tinha seguido para a frente. Aguardava apenas a data fixada — 15 de novembro. A 9, recebi o seguinte cifrado do General Dutra:

> PEÇO A V. EXA. EXPEDIR AS NECESSÁRIAS ORDENS NO SENTIDO DE QUE A FORÇA MINEIRA ESTEJA PRONTA PARA AGIR EM QUALQUER EVENTUALIDADE.

Telefonei ao Coronel Dornelles. Radiografei ao Coronel Leri dos Santos, que me respondeu na cifra combinada:

> DESTACAMENTO PRONTO ENTRAR AÇÃO. DEI ORDENS PARA A TROPA REQUISITAR CAMINHÕES E GASOLINA. AGUARDO INSTRUÇÕES SOBRE SE CONVÉM A MEDIDA SUGERIDA.

Recebi telefonema do Ministro Eurico Dutra pedindo-me falar ao presidente para abreviar o movimento. Não podia mais conter os militares, dada a agitação reinante na Câmara, em virtude da leitura do manifesto de Armando Salles. Telefonei ao Palácio do Catete, transmitindo ao presidente o que acabava de ouvir do ministro da Guerra. À noite, veio um cifrado urgente do presidente:

DIVULGAÇÃO NOTÍCIA AQUI FORÇOU PRECIPITAR MOVIMENTO PARA AMANHÃ. GETÚLIO VARGAS.

Desci ao serviço de rádio e comuniquei-me com os Coronéis Ernesto Dornelles e Leri dos Santos, aos quais dei conta da nova decisão:

CORONEL ERNESTO DORNELLES. ACABO RECEBER COMUNICAÇÃO PRESIDENTE QUE, DEVIDO DIVULGAÇÃO, ACONTECIMENTOS SE PRECIPITARAM PARA AMANHÃ.

CORONEL LERI DOS SANTOS. COMUNICO QUE ACONTECIMENTOS SE PRECIPITARAM PARA AMANHÃ. FIZ SEGUIR UM TREM PARA VARGINHA A FIM DE EM CASO DE NECESSIDADE DESLOCAR O QUINTO. CONFIO NA SUA PATRIÓTICA AÇÃO E DE TODOS OS NOSSOS AMIGOS DA FORÇA PÚBLICA. VIGILANTE, AGUARDE INSTRUÇÕES QUE SÓ PODERÃO SER DADAS COM O DESENROLAR DOS ACONTECIMENTOS.

Em seguida, dirigi-me ao Presidente Getúlio:

CIENTE. JA DEI COMUNICAÇÃO COMANDANTES DESTACAMENTOS. ESTAMOS A POSTOS COM GRANDE ENTUSIASMO. LOGO QUE PUBLIQUE A CONSTITUIÇÃO PEÇO COMUNICAR-ME A FIM DE LHE ENVIAR UM TELEGRAMA E COMUNICAR PREFEITOS E DEMAIS AUTORIDADES DO ESTADO.

Não houve resistência no Rio nem em São Paulo. O Presidente Getúlio Vargas fechou a Câmara dos Deputados.

Na manhã seguinte o presidente da Assembléia, Dorinato Lima, tendo, com certeza, ouvido o boato da revolução branca, apareceu no Palácio:

— Hoje vou botar um freio naquela gente.

— Não, Dorinato, a Câmara já está fechada; você vai é fazer o mesmo com a Assembléia. Não quero exibir aparato bélico contra o Legislativo.

Passei ao Coronel Leri dos Santos o seguinte rádio:

Tudo se vai processando bem. Acabo de determinar o fechamento da Assembléia Estadual. Deveis dar conhecimento da nova ordem de coisas aos comandantes dos batalhões de vosso destacamento. Cordiais saudações. Benedicto Valladares, Governador do Estado.

Foi preso em São Paulo o Dr. Armando Salles e removido para Minas, a fim de ficar detido na Casa Grande dos Ingleses, em Nova Lima. A respeito, recordo que, em certa ocasião, o Presidente Getúlio, visitando Nova Lima, manifestou o desejo de, se algum dia fosse preso, ficar detido naquela residência, uma das melhores de Minas.

Designei assistente de Armando Salles o Delegado João Alberto da Fonseca (Zinho Fonseca), com o qual Armando implicou. Muito diplomata, vestia-se com apuro, usando polainas, e era excessivamente delicado.

Armando Salles queixou-se de que a sua correspondência estava sendo aberta. Enviei-lhe o chefe do meu gabinete, Dr. Olintho Fonseca, com a seguinte proposta: se ele se comprometesse a não tratar, em sua correspondência, de assunto político, ela não seria aberta. Deu sua palavra e as cartas lhe eram enviadas sem se tocar nelas. Dentro de algum tempo, Armando Salles foi exilado.

92
A Constituição de 1937

Em 10 de novembro o presidente promulgou a Constituição, com a sua assinatura e a de todos os ministros de Estado. Deixo-as gravadas nestas memórias, na respectiva ordem: Getúlio Vargas, Francisco Campos, A. de Souza Costa, Eurico G. Dutra, Henrique A. Guilhem, Marques dos Reis, M. de Pimentel Brandão, Gustavo Capanema e Agamenon Magalhães.

Nos termos do artigo 176 da Constituição que acabava de ser outorgada, o presidente baixou o seguinte decreto, confirmando-me no cargo de governador de Minas:

O PRESIDENTE DA REPÚBLICA

Resolve, nos termos do art. 176 da Constituição Federal, confirmar o mandato do Governador do Estado de Minas Gerais, DR. BENEDICTO VALLADARES RIBEIRO.

Rio de Janeiro, em 11 de novembro de 1937, 116º da Independência e 49º da República.

GETÚLIO VARGAS
Francisco Campos

"Art. 176. O mandato dos atuais Governadores dos Estados, uma vez confirmado pelo Presidente da República dentro de trinta dias da data desta Constituição, se entende prorrogado para o primeiro período de governo a ser fixado nas Constituições estaduais. Esse período se contará da data desta Constituição, não podendo em caso algum exceder o aqui fixado ao Presidente da República.

Parágrafo único. O Presidente da República decretará a intervenção nos Estados cujos governadores não tiverem o seu mandato confirmado. A intervenção durará até a posse dos governadores eleitos, que terminarão o primeiro período de governo fixado nas Constituições estaduais."

De acordo com este parágrafo, não havendo o presidente confirmado os governadores Dr. Álvaro Botelho Maia, do Amazonas; Dr. José Carneiro da Gama Malcher, do Pará; Dr. Leônidas de Castro Melo, do Piauí; Dr. Paulo Martins de Souza Ramos, do Maranhão; Dr. Francisco Menezes Pimentel, do Ceará; Dr. Rafael Fernandes Gurjão, do Rio Grande do Norte; Dr. Argemiro de Figueiredo, da Paraíba; Dr. Osman Loureiro de Farias, de Alagoas; Dr. Eronides Ferreira de Carvalho, de Sergipe; Capitão João Púnaro Bley, do Espírito Santo; Dr. José Joaquim Cardoso de Mello Netto, de São Paulo; Manuel Ribas, do Paraná; Dr. Nereu de Oliveira Ramos, de Santa Catarina; Dr. Pedro Ludovico Teixeira, de Goiás; e Dr. Júlio Strubing Müller, de Mato Grosso, nomeou-os interventores nos respectivos estados.

Não nomeou o Dr. Heitor Collet, do estado do Rio de Janeiro, substituindo-o pelo interventor Capitão-Tenente Ernani do Amaral Peixoto, nem, igualmente, o Capitão Juracy Montenegro Magalhães, da Bahia, e o Dr. Carlos de Lima Cavalcanti, de Pernambuco, substituindo-os, respectivamente, pelos interventores-interinos Coronel Francisco Dantas e Coronel Azambuja Vilanova. Logo depois, foi exonerado o interventor-interino de Pernambuco e nomeado Agamenon Sérgio Godói de Magalhães.

Finalmente, foi escolhido o Dr. Henrique de Toledo Dodsworth para prefeito do Distrito Federal.

93
A generosidade da Assembléia

Na noite seguinte, os deputados que me apoiavam na Assembléia Legislativa foram ao Palácio levar um quadro da fazenda em que nasci, que haviam mandado pintar para ofertar-me.

O meu querido amigo Dorinato Lima fez comovente improviso. Na sua linguagem original, disse, entre outras coisas interessantes: "Dos escombros da Assembléia, salvou-se este quadro."

Respondi com estas palavras:

Meus amigos:

Vosso gesto, animado de comovente afeto, não é só uma das expressões mais delicadas da amizade, mas também a prova do requinte de vosso espírito para com o amigo, o cidadão e o homem público.

Na sede do governo do estado, neste momento de confiança na felicidade do Brasil, vindes procurar vosso amigo para lhe significardes o mais livre dos testemunhos de solidariedade, que são os que brotam do coração.

Quando na vida pública se encontram homens que assim pensam e sentem, bem podemos nós experimentar a compensação de todas as apreensões e canseiras, oriundas do devotamento contínuo à pátria.

Neste sentido, devo acentuar a oportunidade do vosso gesto sentimental, nesta hora em que a força das circunstâncias irremovíveis determinou ao Chefe da Nação, de acordo com o Exército e a Armada, de conformidade com o pensamento severo e isento da nação brasileira, a promulgação da nova Carta Política, que se ajusta às nossas realidades econômicas e culturais.

Não eram ignoradas por ninguém as falhas profundas que entravavam a marcha do regime e a ação administrativa dos governos.

Se se faziam sentir com menos intensidade em Minas, isto o devíamos ao critério, ao patriotismo e à boa vontade de nossos políticos, dentre os quais sempre vos salientastes na compreensão e zelo com que sabíeis exercer as vossas funções.

Colaborastes sempre com o governo imbuídos de são espírito público, traduzindo deste modo a índole dos mineiros.

Esta índole e este espírito são feitos de energia temperada com a doçura simples e espontânea de nossa gente.

Aqui o estais demonstrando com a dádiva significativa que me trazeis. Quanta recordação ela me desperta! Há de ser para mim, dentro de minha casa, uma lembrança que suscitará saudades.

Nela se encerra também uma sugestão que me anima e conforta. Traz-me à memória as primeiras lições de trabalho e civismo que, no meio rural, recebi de meu pai.

Desvaneço-me de ser filho de fazendeiro, de haver nascido em fazenda. Ali se aprende, desde cedo, o trabalho e a alegria do trabalho. O homem é simples, desprendido e patriarcal. Está perto da terra, vive com ela, impregna-se do seu amor, de confiança na sua generosidade. Aprende a querer a pátria, porque esta são os costumes, os hábitos, os sentimentos, o espírito que nascem dela e de sua gente.

O homem rural é a expressão da mentalidade e do sentimento brasileiro.

Quem nasceu dentro do seio de nossa pátria guarda-a sempre no fundo da alma. Experimenta-lhe melhor o calor de sua maternidade.

Fostes pedir à arte de um pintor mineiro que trouxesse para os olhos do meu espírito aquela paisagem familiar e eterna que, em qualquer parte em que me veja, trago sempre diante dos olhos do meu afeto e da minha saudade.

Assim, se comoveis o amigo, encorajais o cidadão.

Com emoção viva, eu vos agradeço a inspiração da vossa bondade.

94
Prender, não. Soltar, sim

O chefe de polícia comunicou-me que estava na capital o Deputado Domingos Velasco, que tinha pinta de esquerdista, e perguntou-me o que deveria fazer.

— Diga-lhe que voe para Goiás. O Pedro Ludovico o está esperando.

A não ser uma prisão, da qual já me penitenciei nestas memórias, nunca prendi ninguém por motivos políticos. Apenas, quando necessário, mandei vigiar os conspiradores. Advogado de júri por muitos anos, abomino as tristes grades das prisões. Certa vez, em minha terra, quando a política municipal estava na maior exaltação, amigos foram afobados comunicar-me que soldados do destacamento levavam preso nosso companheiro Antônio Ildefonso de Oliveira Pena, rapaz distintíssimo. Saí às pressas. Chegando à Rua Direita, vi os soldados conduzindo o moço, seguidos de enorme multidão. Sem vacilar, avancei, peguei no braço do preso e disse ao cabo:

— Entregue-me este homem.

Os soldados não esperavam por esta, ficaram perplexos. Entrei com o preso na casa do juiz de direito, que era em frente.

— O Antônio Ildefonso foi preso e vim prestar fiança.

— Não, não — disse o Dr. Pedro — vá ao hotel, o juiz municipal está lá.

Saí com o preso, acompanhado da multidão, à procura do juiz municipal.

Estávamos lavrando o termo da fiança quando soube que o delegado marchava para o hotel com o destacamento embalado.

Saí à rua e disse aos meus amigos:

— Vocês me meteram nesta, agora temos de resistir.

O Major Coutinho chegou, espalhafatoso:

— O senhor fazendo uma coisa destas, doutor Benedicto!...

Não tive tempo de responder. Joaquim Marinho de Almeida, Quim do Neto, homem temerário, avançou para o delegado, gritando:

— O senhor é que é um covarde muito grande, anda perseguindo o nosso partido.

Tive de entrar com a minha diplomacia para separar a briga entre o meu amigo e o delegado. E tudo acabou na santa paz do Senhor, como é da índole do povo mineiro.

No dia seguinte, os jornais de Belo Horizonte noticiaram o fato em cores vivas.

95
Expansão natural

À noite apareceu-me Orosimbo Nonato, meio ressabiado.

— Governador, se tiver de prender o meu compadre Pedro Aleixo, prenda-o na minha casa.

— Não pensei em prender o Pedro Aleixo, não. Você supõe isto em razão da carta que ele me escreveu? Já respondi.

E passei as duas cartas ao meu fraternal amigo.

>Mathias Barbosa, 11 de novembro de 1937.
>Exmo. Sr. Dr. Benedicto Valladares Ribeiro, Governador do Estado de Minas Gerais.
>
>Saudações atenciosas.
>Transmito a V. Exa., para seu conhecimento, o texto do telegrama que, em data de ontem, enderecei ao Sr. Presidente da República:
>"Sr. Presidente da República. Palácio Guanabara — Rio de Janeiro. Com amarga surpresa verifiquei, hoje, que o edifício da Câmara dos Deputados foi ocupado por forças armadas. Divulgaram-se, logo depois, notícias de que o Governo da República havia expedido decreto de dissolução do Poder Legislativo. Não conheço os fundamentos de tão graves atos. Impedida materialmente de funcionar e tomar conseqüentemente qualquer deliberação sobre assuntos de tanta relevância, a Câmara dos

Deputados não pode levar a V. Exa. o pensamento da maioria, senão da totalidade de seus membros. Por isso, na qualidade de Presidente da Câmara dos Deputados — poder que se constituiu nas mais puras fontes da vontade do povo brasileiro — sinto-me no dever de levar até V. Exa. o meu protesto contra os referidos atos e espero que o Brasil saberá fazer justiça à honestidade, à fidelidade, à lisura, à operosidade e ao patriotismo de seus legítimos representantes. Saudações atenciosas. Pedro Aleixo."

Tenho presentes sempre na memória os meus compromissos. Por ocasião de minha eleição para a presidência da Câmara dos Deputados, declarei a V. Exa. e, pouco depois, ao Sr. Presidente da República, que não era pessoalmente candidato, que não disputava o pleito, que não solicitava sufrágio. Membro de uma organização política, consentia em que meu nome corresse os riscos de um prélio renhido e de resultados duvidosos. Se fosse vencido, suportaria, por dever partidário, os dissabores da derrota; se triunfasse, a vitória do meu nome seria proclamada como vitória das forças governamentais. Fui eleito presidente da Câmara dos Deputados. Ficou, à vista do exposto, entendido que a investidura resultava da congregação dos elementos políticos orientados por V. Exa. com os elementos políticos que obedecem à orientação do Sr. Presidente da República. Assim, deveria eu exercer a presidência da Câmara enquanto os deveres regimentais e a minha própria ação não se chocassem com os deveres que a lealdade partidária impõe. Além disso, conforme tive oportunidade de declarar a V. Exa. e ao Sr. Presidente da República, no momento em que se verificasse um rompimento de suas relações com o Governo Federal, também estava entendido que desse rompimento uma conseqüência seria a minha renúncia. Guardava eu, portanto, inteira liberdade de manifestar-me sobre os problemas políticos do país; mas jamais a presidência da Câmara seria posta a serviço de minhas idéias, de minhas convicções, de minhas opiniões, desde que tais idéias, convicções e opiniões não se ajustassem às deliberações e aos atos da organização política a que pertencia. Inteiramente à minha revelia, foi desfechado, ontem, o golpe de estado, que subverteu o regímen constitucional vigente no país.

Não podia eu, portanto, evitar que a resolução governamental me colhesse na plenitude do exercício da presidência da Câmara dos Deputados. Como deputado e, também, como brasileiro, não concorreria para que as autoridades incumbidas da guarda da Constituição Federal tomassem a iniciativa de suprimi-la e revogá-la, dando ao país um exemplo de infidelidade que indelevelmente manchará a história pátria. Nesta dolorosa contingência, no conflito entre deveres de partidário e deveres de presidente da Câmara dos Deputados, limitei-me a formular o protesto que no texto de meu telegrama está inserto. Considerando que a permanência na Capital Federal importava a obrigação de atender quantos, mesmo adversários do governo, me procurassem, na qualidade de presidente da Câmara dissolvida, considerando que a ninguém eu poderia ocultar a minha repulsa à resolução governamental, considerando que não seria digno do meu passado e do povo que represento oferecer, agora, uma renúncia de funções que materialmente estou impossibilitado de exercer, resolvi regressar a Minas.

É, portanto, em terras mineiras que lhe escrevo esta carta, Sr. Governador. Aqui estou, não para acolher-me à sombra do prestígio do meu antigo correligionário, o presidente do Partido Nacionalista, nem também na expectativa de que a nossa cara Minas seja, ainda hoje, como outrora foi, abrigo seguro para os adversários dos governos de força. Regressando a Minas Gerais, o meu primeiro ato é o de formular perante V. Exa. o meu protesto contra a sua participação, como governador do estado, na trama cujo desfecho foi a subversão de uma ordem jurídica que lhe cumpria respeitar e defender até o sacrifício. Adversário intransigente dos inimigos da pátria, dos comunistas professos, eu o sou principalmente porque consideram eles a fidelidade à palavra empenhada, a honra, a dignidade, enfim todo um patrimônio moral que é a tradição e o orgulho da gente montanhesa, meros preconceitos burgueses. Para que a pátria sobreviva às lutas e às insídias a que a conduzem seus obstinados inimigos, natural é que se façam todos os sacrifícios. A liberdade não pode ser assegurada onde quer que a ordem não seja mantida. Mas temo, Sr. Governador, que o povo comece a compreender que a salvação pública foi simples pretexto para que continuassem a fruir as delícias do poder aqueles que, presentemente, o detêm. Há momentos em que se tem a compreensão exata da inutilidade do esforço humano. Então, o espírito se eleva até Deus, para que Ele se apiede de nós. É o que faço agora, Sr. Governador, sinceramente desejoso de que, para honra de Minas e para felicidade do Brasil, seja eu quem, entre nós dois, esteja em erro.

Com elevada consideração, o patrício

Pedro Aleixo

Exmo. Sr. Dr. Pedro Aleixo,

Acuso o recebimento da carta em que V. Exa. me transmite o texto do telegrama de protesto que enviou ao Sr. Presidente da República contra a dissolução da Câmara dos Deputados e em que aduz, agora, as razões por que lavrou esse protesto e por que não concorda com que haja o Governo Federal, em perfeita consonância com as Forças Armadas e com o governo e povo de Minas Gerais, subvertido a ordem jurídica existente e promulgado nova Constituição, mais conforme com a aspiração nacional.

Deixando de parte os termos injustos e apaixonados de sua carta, devo declarar ao ilustre co-estaduano que não podem estar em jogo, em acontecimento de tal magnitude, a consideração de pessoas, nem tampouco as delícias do poder ou as agruras da presidência da Câmara.

Sendo possível, temos que encarar os acontecimentos como o reflexo de uma situação grave, criada no Brasil pelos constituintes de 1934, que, ao elaborar um Estatuto para o país, se esqueceram de que o faziam em época de grande efervescência mundial, quando as nossas instituições sociais se encontravam sob a permanente insegurança de todos os perigos e ameaças. Aos olhos do patriota avulta a necessidade inadiável de que se fortalecesse a autoridade do governo, para que se resguardasse a organização social profundamente conturbada.

Em momento como este, acima dos homens, isoladamente, respondem e atuam, pela nação, os seus órgãos vitais, como selam o Exército e a Armada Nacional, os governos e a opinião sensata do país.

Não nos preocupa o julgamento da História. Preocupa-nos andar bem com a nossa consciência de homem e de cidadão, único juiz sempre presente de nossos atos.

Com elevada consideração, o patrício

Benedicto Valladares

Depois de ler pausadamente as cartas, Orosimbo mas devolveu, sem nada dizer.

— Ninguém lutou mais pela democracia do que eu, mas com a ambição desmedida de políticos que só pensam neles não era possível manter-se a Constituição de 1934. Os extremismos, impulsionados por estrangeiros, rondam a nossa porta, como prova o golpe que tentaram em novembro de 1935. A única saída que nos deixaram foi aderir à constituição que o gênio de Francisco Campos construiu para a época anormal em que vivemos. É preciso fortalecer a autoridade do Governo. O povo, que vai viver no regime da nova constituição, dirá se estamos certos ou não. Acataremos humildemente o seu soberano julgamento.

Orosimbo despediu-se, levando a certeza de que da minha parte não viria qualquer mal ao Pedro Aleixo.

Tendo Octacílio Negrão de Lima pedido exoneração do cargo de prefeito de Belo Horizonte, telefonei, de São Lourenço, ao Orosimbo Nonato, solicitando-lhe convidar Pedro Aleixo, que recusou o convite. O Orosimbo perguntou-lhe:

— Você está magoado com o Valladares?

— Não, pelo contrário, sinto-me muito honrado com o convite; mas, havendo a Câmara sido fechada comigo na presidência, só poderei voltar a cargo público com o restabelecimento do regime democrático.

96
15 de novembro

A 15 de novembro iria realizar-se grande parada militar comemorativa da data. Eu devia passar em revista as tropas. Entusiasmado, indaguei pelo telefone ao ministro da Guerra, General Eurico Dutra, se poderia fazê-lo a cavalo.

— Pode, sim, não há inconveniente.

Eu possuía um belo cavalo, chamado Rubi, fogoso, irrequieto, mas manso.

Criado em fazenda, montava bem. Quando mocinho costumava montar até em animal de primeiro repasse. Mas, passar em revista as tropas, a coisa era outra. Estava muito preocupado, sobretudo com a maneira de segurar as rédeas. O Ernesto Dornelles dissera-me que o Capitão Estevam de Rezende, atual Marechal Estevam Taurino de Rezende, montava bem. Na véspera da parada mandei chamá-lo para pedir-lhe algumas instruções. Expus-lhe minha dificuldade. Ele redarguiu:

— Acontece, governador, que não sei pegar em rédeas, sou oficial da Aviação Militar.

Pedi-lhe desculpas, mas o engano era natural. Havia em Minas dois oficiais com o mesmo nome, um da Aviação e outro da Cavalaria do Exército.

Mesmo assim, passei em revista as tropas, a cavalo, numa imponente parada. Como me dissessem que poderia fazê-lo a passo ou a trote largo, optei pela segunda solução, dificultando os oficiais do Exército e da Força Pública a me acompanharem. O cavalo relinchava, batia com as patas e às vezes queria refugar, causando espanto a muitos.

Eu estava contente, com a sensação de uma coisa nova, que nunca passara por minha cabeça.

97
Minas Tênis Clube

As únicas modificações no governo foram a substituição do secretário da Viação e Obras Públicas, Raul Noronha Sá, pelo engenheiro Odilon Dias Pereira, e a do diretor da Imprensa Oficial, Romão Côrtes de Lacerda, que foi ser procurador-geral do Distrito Federal, pelo professor Mário Casassanta. A administração continuou no mesmo ritmo, prosseguindo-se as obras já iniciadas e planejando-se novas.

Ainda em novembro, inauguramos o Minas Tênis Clube. Terminada a construção da praça de esportes, o governo resolveu interessar nela os moradores da capital. Organizou-se uma sociedade que a recebeu com a condição de cuidar com desvelo da educação física da juventude. O presidente seria nomeado pelo governador do estado. O primeiro presidente foi o Major Ernesto Dornelles, que deu tal atenção ao clube, que Minas, estado mediterrâneo, passou a apresentar os campeões juvenis nacionais de natação. Aliás, ao receber das mãos do presidente Ernesto Dornelles, no dia da inauguração do clube, o título de sócio benemérito, vaticinei isso, dizendo "que inauguração desta praça de esportes marcará o início de uma nova era para Minas Gerais, em que a educação física racionalizada trará como conseqüência o fortalecimento do corpo e do caráter da juventude, tornando o mineiro cada vez mais digno de suas tradições de bom brasileiro, para a grandeza de nossa pátria".

Surgiram mais vinte e três praças de esportes, nas principais cidades do estado, dando-se execução ao plano destinado a proporcionar às novas gerações os meios necessários ao seu aprimoramento físico de acordo com a técnica moderna.

Devo assinalar aqui o nome do competente engenheiro Oscar Ricardo, incansável na construção das praças de esporte.

98
Coronel Juscelino

O fechamento da Câmara dos Deputados e da Assembléia Legislativa deixou-me preocupado com a situação financeira de alguns parlamentares.

Chamei Juscelino Kubitschek e perguntei-lhe:

— Com a perda de seu mandato, naturalmente você está em dificuldade. Como é que vamos resolver sua situação?

— O Octaviano de Almeida vai pedir licença da Diretoria do Hospital Militar; você podia comissionar-me no posto de tenente-coronel e nomear-me interinamente para o lugar dele.

— Isto resolve?

— Resolve.

À noite mandei chamar Octaviano de Almeida ao Palácio:

— Octaviano, você já tem tempo para se reformar; não me poderia fazer a gentileza de pedir reforma para eu resolver a situação do Juscelino?

— Posso, com prazer.

No dia seguinte o *Minas Gerais* publicava a reforma do Tenente-Coronel-Médico Octaviano de Almeida, a promoção do Major-Médico Juscelino Kubitschek a tenente-coronel e sua nomeação para diretor do Hospital Militar.

Não considerei somente este caso, resolvi muitos outros. A todos que se dirigiam a mim eu atendia, sempre que possível. Nomeei Luiz Martins

Soares para diretor da Loteria Mineira, e, mais tarde, chefe de polícia; José Maria Alkmin para secretário do Interior; substituído por Mário Gonçalves de Mattos, foi ser diretor da Penitenciária Agrícola de Neves e, finalmente, advogado do Banco de Crédito Real de Minas Gerais.

Não estou alegando favores prestados, senão, e apenas, citando exemplos que revelam não me haver descuidado da situação dos parlamentares ante a mudança do regime, em que Minas fora fator decisivo.

99
O aniversário do presidente

O Presidente Getúlio Vargas ia fazer estação de águas em São Lourenço, onde passaria o seu aniversário. Fui em companhia de minha mulher recebê-lo e a D. Darci, como era do nosso dever. Procuramos tornar o seu descanso na estância o mais agradável possível. Andávamos a cavalo, fizemos uma caçada da qual participaram também o General Góes Monteiro e o Chefe de Polícia Filinto Müller.

O presidente falou-me:

— Está aí embaixo um moço que penso nomear interventor em São Paulo. Converse com ele e me dê a sua impressão.

Desci e, apresentado a Adhemar de Barros por um dos oficiais de gabinete, saímos a dar uma volta pelo parque. Entabulei conversa sobre política. Na volta, declarei ao presidente que numa simples palestra não estava habilitado a dar opinião sobre o candidato. Apenas podia dizer que ele tinha boa estampa.

O presidente passou-me uma carta dirigida pelo seu oficial de gabinete Queirós Lima ao Secretário Vergara, reproduzindo uma boataria imensa sobre o desprestígio do meu governo. Em certa passagem declarava:

> Ainda fui informado de que alguns colaboradores do governo local estariam preparando, com calma, a retirada. Está neste caso o prefeito de

Belo Horizonte, que acaba de pedir licença e vai para Buenos Aires, correndo com insistência que não voltará ao exercício.

No mesmo dia chegaram a São Lourenço o ministro da Justiça, Francisco Campos, e seu chefe de gabinete, Francisco Negrão de Lima. Saindo a passeio com este, ouvi-o dizer:

— O Octacílio vai a Buenos Aires e na volta talvez não assuma a prefeitura.

Já saturado com as invenções da carta de Queirós Lima, escrevi ao Octacílio:

> O Negrão me falou que você não deseja mais voltar à prefeitura, porque necessita cuidar de seus interesses particulares.
> Reconheço a falta que sua operosidade vai fazer ao meu governo, mas não devo procurar impedir a sua saída, pelos justos motivos que alega.
> Além disso, a parte mais importante do meu programa administrativo, com relação à capital, você já a executou.
> Venho, pois, lhe agradecer a valiosa colaboração à obra que, com patriotismo, estamos realizando em nosso estado, e manifestar-lhe a certeza de que os mineiros lhe serão sempre agradecidos.
> Quando vai à Argentina? Antes de ir desejava ter o prazer de abraçá-lo.

Mostrando a carta ao Presidente Getúlio, ele riu:

— De que é que o senhor está rindo?

— Desta história de Argentina...

Mandei a carta pelo funcionário Antônio Lobo e no outro dia recebi a seguinte missiva de Octacílio Negrão:

> Em meu poder a sua carta de 14 do corrente. Na verdade, incumbi o Francisco de comunicar-lhe o meu propósito de não voltar ao exercício do cargo, notícia essa que já havia chegado ao seu conhecimento por intermédio do nosso caro amigo Dornelles. Antes de ir à Argentina terei o prazer de visitá-lo.

No mesmo dia telefonei ao Orosimbo Nonato para convidar Pedro Aleixo. Havendo este recusado, convidei José Oswaldo de Araújo, que aceitou o cargo.

O dia 19 de abril foi de festa em São Lourenço. Era aniversário do Presidente Getúlio Vargas. Todos o cumprimentavam e ele recebia de coração bom as saudações dos mineiros e dos hóspedes do Hotel Brasil, vindos de todos os estados da Federação e até do exterior. Os proprietários do hotel e os garçons não sabiam o que fazer para agradar ao aniversariante. À mesa do almoço eu disse:

— Presidente, o meu presente de aniversário é o Rubi.

Dona Darci interveio, alegre:

— É meu.

— Só que tem, Dona Darci, que Rubi é cavalo.

Era o animal de preferência do presidente para sua montaria em São Lourenço.

— Gostei também do arreio.

— O cavalo vai arreado e leva até o chicote.

Tive o grande prazer de oferecer a Dona Darci uma linda água-marinha, de Pedra Azul, com que meu amigo Coronel João de Almeida me havia presenteado.

Foi uma justa homenagem àquela extraordinária senhora, que todos os brasileiros respeitam e admiram.

100
Prisão sem grades

Achando-se terminada a Penitenciária Agrícola de Neves, convidei o Presidente Getúlio para inaugurá-la. Em nome do governo falou, agradecendo a presença do presidente, o secretário do Interior, José Maria Alkmin, que dissertou com ênfase sobre regime penitenciário.

Falei também, mas para realçar que aquela obra não atingiria sua alta finalidade social e humana, de nada valeriam os prédios suntuosos em que assenta a sua organização, se não tivesse uma direção capaz de realizá-la. Para dirigir aquele estabelecimento eram necessários inteligência, coração e fé nos seus resultados. A dificuldade era descobrir esse apóstolo, mas ele foi encontrado na pessoa do secretário do Interior, José Maria Alkmin.

Inaugurando a penitenciária, o presidente acentuou que:

> Se não existe mais no direito de punir a idéia do castigo, é perfeitamente justificável que na penitenciária, que hoje se inaugura, predomine uma grande parcela de bondade humana. Essa bondade foi expressa pelo próprio detento, ao dizer, de forma eloqüente, que a Penitenciária das Neves era uma oficina de trabalho e uma escola de regeneração. E quando é um preso que faz essa declaração, nada mais se precisa acrescentar em seu louvor.
>
> É exatamente esse o espírito que predomina na direção desta casa: a relativa liberdade, o trabalho organizado, a previsão do futuro pela eco-

nomia advinda dos resultados do próprio trabalho que dignifica o homem, elevando-o no seu próprio conceito.

Os métodos de reeducação moral e disciplinar adotados neste estabelecimento modelar são os únicos aconselháveis e compatíveis com os princípios e idéias do regime penitenciário moderno, já consagrado na prática por uma grande soma de resultados e benefícios.

Ao declarar inaugurada a Penitenciária das Neves, congratulo-me convosco, Senhor Governador Benedicto Valladares, por este empreendimento que honra seu governo e será incorporado ao largo ativo de serviços e realizações com que se tem imposto à admiração e à confiança do povo mineiro.

101
Asas para voar

As promessas do candidato ao governo do estado foram cumpridas. Seria enfadonho enumerar todas as obras realizadas. Procurarei sintetizar dentro do plano deste livro.

No âmbito da viação, construímos três mil e quinhentos quilômetros de estradas de rodagem, com obras de arte de concreto armado, que lá estão a desafiar as intempéries. Entre as trezentas pontes de concreto se encontram quase todas as dos grandes rios, ao tempo em que deixamos o governo. Muitas dessas estradas foram utilizadas pelo Plano Rodoviário Federal. A Rio-Bahia se beneficiou com o trecho pioneiro iniciado em Figueira do Rio Doce, dentro da floresta virgem mantida pelo zelo dos transmissores do impaludismo. Da mesma forma, a BR-31, na estrada Belo Horizonte-Uberaba. Vendo o tráfego intensíssimo desta estrada, lembro-me da argúcia do saudoso Fernando Costa, afirmando que não valia a pena a sua construção.

O reaparelhamento da navegação do São Francisco, com o aumento de sua frota, e sobretudo a melhoria das condições da Rede Mineira de Viação, estrada deficitária, e a ampliação de suas linhas, foram obras úteis ao estado. Mediante ajuste com o Governo Federal, construímos o trecho Patrocínio-Ouvidor, cento e oitenta e dois quilômetros, possibilitando a comunicação direta do litoral, em Angra dos Reis, com o *hinterland* brasileiro, no estado de Goiás. Eletrificamos cento e oitenta quilômetros da rede e deixamos atacada a eletrificação de Barra Mansa a Angra dos Reis. As tarifas baixas estimularam a produção e o comércio.

Tudo isto concorreu de maneira decisiva para o progresso do estado, que passou a reclamar asas para voar. Foi feito, então, contrato com a companhia de aviação nacional Panair do Brasil S. A., que estabeleceu linhas comerciais ligando Belo Horizonte ao Rio de Janeiro, São Paulo, Goiás e Norte do país e às estâncias hidrominerais do estado. Construíram-se aeroportos e vários campos de pouso em todas as regiões mineiras.

102
Turismo

O turismo bem orientado influi de maneira decisiva no progresso econômico do país. Mas o nosso turismo é ao avesso, de dentro para fora, nós é que vamos levar a Portugal, Itália, França, Suíça, Alemanha, América do Norte, Argentina, Uruguai e outros países, onde se prepara ambiente propício ao descanso e à diversão, o nosso triste cruzeiro.

Entretanto, o Brasil está em condições de atrair a moeda forte. Minas Gerais no primeiro plano. Ninguém desconhece o clima milagroso de Belo Horizonte, nem que estão em Minas as principais fontes de águas termais, Caxambu, São Lourenço, Cambuquira, Lambari, Poços de Caldas e Araxá, para citar apenas as principais. A natureza nos deu ainda grutas encantadas como a do Maquiné, as montanhas de ferro, o ouro e as pedras preciosas que são fatores importantes de determinado turismo. Em Minas situam-se cidades coloniais como Ouro Preto, Mariana, São João del Rei, Sabará, Tiradentes, Diamantina e Congonhas, que fizeram a glória de artistas do passado, legando-nos tesouros arquitetônicos que irão prender a atenção dos visitantes estrangeiros.

Foi pensando assim que Antônio Carlos aparelhou Poços de Caldas e nós construímos, por intermédio da Prefeitura de Belo Horizonte, nas gestões de Octacílio Negrão de Lima, José Oswaldo de Araújo e Juscelino Kubitschek, o notável conjunto de obras da Pampulha, que terminaria com a edificação do hotel e do hipódromo. Colaboramos com o Governo Federal na construção do Hotel de Ouro Preto e aparelhamos Araxá.

Com relação a esta, não foram somente as preocupações de ordem econômica que levaram o estado a empreender o grande cometimento. A noção do dever para com a coletividade exigia fossem utilizados os bens daquele solo tão singularmente dotado. No esplêndido edifício do balneário realiza-se total aproveitamento da riqueza hidroterápica do Barreiro de Araxá, abundante e multiforme, a qual reúne propriedades que não se encontram, em conjunto, noutras estâncias. As seções de hidroterapia, mecanoterapia, os laboratórios, permitem ao cientista seu emprego racional na cura de variadas enfermidades. Completando o empreendimento, procuramos proporcionar a quantos ali vão ambiente propício ao vagar, estudo, recreio, renovação das energias. Daí o lindo parque que a sensibilidade do artista Burle Marx e os conhecimentos científicos do saudoso Mello Barreto transformaram numa escola viva da arte de jardinagem e botânica.

Sem a monotonia dos jardins padronizados, visou a finalidades estéticas, mas também de cultura. É o aspecto das paisagens sertanejas com espécimes que se dispersaram de Minas e enriqueceram a flora brasileira. Neste núcleo de civilização, implantado em pleno *hinterland*, está um dos maiores encantos desta obra.

Na moldura do Parque de Araxá, o balneário não preencheria completamente os seus fins se não tivesse sido construído o Grande Hotel, um dos mais modernos e confortáveis da América. E tudo foi possível porque hidrólogos, Andrade Júnior, engenheiros, Freire & Sodré, Luiz Signorelli, pintores, Genesco Murta e J. Rocha Ferreira, decorador Carlos Laubisch Hirth e a General Electric deram à obra toda dedicação, empolgados pela sua finalidade. Mais de um secretário de Estado — Israel Pinheiro, Dermeval Pimenta e notadamente Odilon Dias Pereira — trouxeram-lhe patriótico concurso. Operários especializados, vindos de outras partes do país, principalmente da Capital da República, deixaram ali o traço de sua capacidade. Vencidas as dificuldades trazidas pela guerra, importamos o material necessário da Inglaterra e da Alemanha.

As instalações de Araxá estão à disposição de enfermos de todas as categorias sociais, conforme foi previsto na sua construção.

103
O caso do Banco Hipotecário

O ato de desapropriação das ações do Banco Hipotecário e Agrícola visou a defender os interesses de Minas, que vinham sendo há muito prejudicados pelos banqueiros estrangeiros responsáveis pelo estabelecimento de crédito.

O governo do estado, desejoso de fundar um banco que amparasse a agricultura e a pecuária, baixou, em 1909 e 1910, as leis números 508 e 539, que garantiam juro anual de 6%, ouro, até o capital de 4 milhões de esterlinos, a um banco que se fundasse no estado para operações de crédito hipotecário e agrícola.

Em conseqüência, celebrou-se, em 1911, entre o governo do estado e Périer & Cie., banqueiros domiciliados em Paris, o contrato de organização do Banco de Crédito Hipotecário e Agrícola do Estado de Minas.

Pela cláusula terceira desse contrato, o banco se instalaria com o capital inicial de dez milhões de francos, devendo a realização das outras séries do capital total de cem milhões de francos fazer-se "a medida que as circunstâncias as exigissem, por determinação do estado, de acordo com o banco".

Em 12 de junho de 1911, no ato de constituição do banco, as entradas dos acionistas foram apenas de 10% do capital inicial, um milhão de francos, ou seja, a centésima parte do capital do banco.

Três dias após a aprovação de seus estatutos, já o governo autorizava o banco a emitir 40 mil obrigações ao portador, do valor nominal de 500 francos cada uma, garantindo o estado o juro anual de 6% durante 25 anos.

Pelo contrato então lavrado, ficava o banco isento de todas e quaisquer despesas, resultantes de comissões, publicidade, emissão, confecção de títulos, etc., além de outros favores que lhe eram concedidos.

Iniciava o banco, assim, suas operações com dinheiro levantado à custa da garantia, do crédito e do nome do estado de Minas, que ainda pagava todas as despesas e remunerações decorrentes das obrigações.

Pela lista de ações do banco, na data de sua constituição, verifica-se que do total de 20 mil ações de 500 francos cada uma, 19.690 pertenciam aos acionistas de Paris, 100 a um cidadão francês residente no Rio de Janeiro e apenas 210 aos acionistas brasileiros domiciliados em Belo Horizonte.

Assim, o banco somente tinha o rótulo de sociedade brasileira, porque constituída no Brasil; na realidade, era uma sociedade estrangeira, administrada por um grupo estrangeiro, possuidor da quase totalidade de suas ações.

Não correspondeu o banco aos elevados propósitos que motivaram a sua criação, isto é, o apoio e o financiamento à agricultura e à indústria do estado, bastando considerar que, decorridos 31 anos de sua fundação, quando atinge o apogeu de suas operações, com mais de 124 milhões de cruzeiros em caixa, apresenta em outubro de 1943 somente 25 empréstimos hipotecários a industriais e agricultores, cujos saldos devedores não excedem quatro milhões de cruzeiros.

Os banqueiros Périer & Cie. celebraram ainda outros empréstimos com o governo do estado, pelos quais lhes eram concedidas grandes vantagens. Com o não-cumprimento das obrigações assumidas com o estado, deram a este avultados prejuízos, que se reduziram afinal à soma de Fr$ 20.940.844,00, correspondente a vinte milhões de cruzeiros, depois da ida, por três vezes, de emissários à Europa, para defesa do nome e do crédito de Minas Gerais.

Entre esses emissários estava o Dr. Afonso Pena Júnior, que se expressou com franqueza a respeito de Bauer, Marschal & Cie., sucessores de Périer & Cie., em relatório dirigido, a 4 de julho de 1929, ao secretário das Finanças.

Devemos, porém, invocar mais um testemunho sobre o não-cumprimento das obrigações de Bauer, Marschal & Cie. para com o estado de Minas. O advogado-geral do estado, Dr. Milton Campos, em carta dirigida, a 3 de novembro de 1931, ao secretário das Finanças, assim se exprimia:

> O Banco Hipotecário tem faltado a várias disposições contratuais. Basta considerar uma delas, que é de capital importância: Pela cláusula primeira, os Srs. Périer & Cie. obrigaram-se a instalar em Belo Horizonte 'um banco para operar, *principalmente*, sobre crédito hipotecário e agrícola, nos termos da lei nº 508, de 22 de outubro de 1909.'
>
> Efetivamente, da simples leitura dessa cláusula e das demais do contrato, bem como dos termos da lei número 508, resulta claro que, facilitando a criação do banco com garantia de juros e com a isenção de todos os impostos estaduais, o governo teve em vista organizar o crédito agrícola e hipotecário. Tanto que, fiel ao disposto no art. 2º, letra *b*, da lei 508, o contrato permitiu ao banco manter uma carteira comercial, 'destinada a animar e promover o comércio mineiro', mas em que só poderia ser aplicado 'até um terço do seu capital', e mesmo assim impedida a cobrança de taxa superior a 10% ao ano (cláusula 7ª). Os estatutos do banco, mais tarde aprovados pelo Decreto nº 3.208, de 1º de julho de 1911, consagram as citadas disposições legais e contratuais (arts. 2º, 39 e 41).
>
> Ora, o minucioso relatório que se encontra entre os papéis que me foram submetidos mostra que, do total das operações do banco, mais de dois terços são comerciais, somando menos de um terço as operações hipotecárias! Desta forma, as operações não-hipotecárias, excepcionalmente permitidas e fora dos fins para que se criou o banco, passaram a ser principais e vice-versa.

O meu ato não foi desfeito pelos governos que me sucederam, Desembargador Nísio Baptista, João Beraldo, Júlio de Carvalho, Alcides Lins, Milton Campos, Juscelino Kubitschek e Bias Fortes. Ao contrário, argüida sua inconstitucionalidade pelos interessados, foi mantido pela Justiça de Minas Gerais e, finalmente, pelo Supremo Tribunal Federal.

Defenderam o estado o jurisconsulto Francisco Campos e o notável advogado Antônio Gonçalves de Oliveira, hoje ministro do Pretório Excelso.

104
Cidade de funcionários

Toda a gente dizia: "Belo Horizonte é uma cidade de funcionários." Isto me preocupava; era preciso modificar a fisionomia da cidade burocrática. Fazia-se mister industrializar a cidade a que faltava energia elétrica. A Companhia Bond and Share — que entravou o progresso de diversos Estados — com seus círios mortuários deixava as ruas, avenidas, praças, jardins e parques da linda capital às escuras.

Com a colaboração do Secretário Israel Pinheiro, tracei o plano da Cidade Industrial, que deveria ser construída entre as Estradas de Ferro Rede Mineira de Viação e Central do Brasil. Para sua execução era necessário desapropriar a Bond and Share, que não cumpria as cláusulas do contrato com a prefeitura. Levando o assunto ao Presidente Getúlio Vargas, este obtemperou que o caso poderia suscitar dificuldades de ordem internacional. Só havia um recurso: transferir a área necessária à Cidade Industrial para o município de Betim e dar execução ao plano de centrais hidrelétricas já iniciadas com a construção de Pai Joaquim, para Uberaba e Araxá, e de Santa Marta, para Montes Claros. Não vacilei, publiquei decreto determinando a transferência e, valendo-me dos serviços profissionais do eficiente advogado Heráclito Mourão de Miranda, fiz a desapropriação. Construí a Usina do Gafanhoto e adquiri a de Betim. E a capital do estado foi iluminada com o fornecimento de energia à Bond and Share.

A Cidade Industrial, cuja construção, iniciada em 1938, sendo secretário da Viação o engenheiro Odilon Dias Pereira, terminou em 1945, com as suas ruas, avenidas e praças vibrando ao apito das locomotivas à porta das fábricas, se desenvolveu de tal maneira, que Belo Horizonte deixou de ser uma "cidade de funcionários".

Em uma de suas visitas, Getúlio Vargas, olhando do alto — onde a distração do DNER colocou um pirolito, que levou o prezado Herbert Moses a escrever que a Cidade Industrial fora construída pelo candidato Juscelino Kubitschek — exclamou, entusiasmado:

— Desejava ver essa cidade daqui a dez anos. É a maior obra do seu governo!

Viu-a, infelizmente, na véspera de sua morte, quando foi inaugurar a Mannesmann. Admirou as enormes chaminés, de que foi pioneira a Cia. Cimento Portland Itaú, toldando o céu azul de Belo Horizonte. Tive oportunidade de lhe dizer, nessa ocasião:

— Agora eu fiz as pazes com o senhor.

Isto porque, quando eu lhe falava em melhoramentos para Minas, respondia:

— Minas é o ferro.

E quando foi a hora do ferro, construiu a grande siderúrgica de Volta Redonda no estado do Rio, por insistência do Interventor Amaral Peixoto e do General Edmundo Macedo Soares. Mas, com grandes dificuldades, trouxe a Mannesmann para Minas, saldando assim a sua dívida para com os mineiros.

O plano da Cidade Industrial não se completou; faltou a Cidade Operária, que ia ser construída entre ela e o Instituto João Pinheiro. Havia adquirido e desapropriado o terreno necessário para essa obra modelar, com casas para operários, grupos escolares, ginásios, escolas normais, escolas técnicas, teatros, cinemas, etc. Os institutos, de acordo com o que me havia prometido o presidente, iriam colaborar na sua construção. Com a minha saída do governo, o interventor declarou sem efeito a desapropriação de uma grande parte da área destinada à Cidade Operária. Da idéia lá restou apenas uma creche construída por minha mulher, Odette Valladares, com auxílios que lhe eram enviados e destinados às crianças filhas das operárias que trabalhassem na indústria. E esta mesma foi transformada em Casa das Meninas, que recebe indiferentemente crianças de qualquer parte.

Para que a Cidade Industrial atingisse as suas finalidades, tive de prolongar a Avenida Amazonas, doze quilômetros, até lá. Embora mutilada, é, sem dúvida, uma grande obra que revolucionou a economia de Minas Gerais. Saindo de repente do governo, não pude inaugurá-la, embora estivesse concluída. O Interventor João Beraldo inaugurou-a sem solenidade, ligando apenas a energia elétrica.

Foi construído também o Instituto de Tecnologia Industrial, que dispõe de perfeito aparelhamento para pesquisas científicas e representa importante contribuição ao progresso das indústrias.

105
Dois pesos e duas medidas

Chegou ao meu conhecimento que artistas de cor, americanos, os dançarinos "Turand Brothers", que se exibiam no Cassino da Pampulha, haviam entrado em luta com estudantes. Três dias a fio ficou a capital em suspenso, na iminência de novo conflito. Os artistas pretos andavam pelas ruas acompanhados dos estudantes, assistidos e explorados pelos extremistas. A polícia estava sempre presente para evitar qualquer coisa mais séria. Foi preciso até o emprego da cavalaria. Os estudantes não gostaram e puseram-se a jogar rolhas nas ruas para os animais caírem, e a dar morras à polícia.

Recebendo uma comissão de estudantes, aconselhei-os a desistir do seu intento. Não se compreendia uma luta deles com os artistas estrangeiros e sobretudo o desrespeito aos mantenedores da ordem.

— Ninguém consegue segurar as mãos dos soldados que, feridos em seus brios, perdem a calma e podem atirar nos senhores.

Como estivessem presentes netos do Professor Mendes Pimentel, acrescentei:

— Por causa de uma coisa destas é que perdemos o nosso Mendes Pimentel.

Um estudante afoito me disse um desaforo. Perdi a calma e retruquei enérgico:

— Se os senhores não sabem respeitar o governo por bem, vão respeitá-lo à força; não admito mais nenhum estudante na rua. Os senhores têm vinte minutos para irem para suas casas.

Os estudantes desceram as escadas do Palácio sem se despedirem.

Tinha sido informado de que iria realizar-se um comício na Praça Sete, que se encontrava repleta.

Mandei o chefe do gabinete, Carlos Martins Prates, chamar os delegados e pessoalmente lhes dei ordem, porque o chefe de polícia se achava ausente. Convoquei também o comandante da Força Pública. Aos delegados disse:

— Vamos acabar com o comício da Praça Sete.

Ao comandante da Força Pública:

— Desça toda tropa disponível, inclusive metralhadoras e cerque a Praça Sete. Precisamos executar o maior aparato bélico possível para não acontecer nada.

Realmente assim se deu. Com metralhadoras nos passeios e investigadores executando prisões, dentro de poucos minutos não havia viva alma na Praça Sete e os estudantes foram para suas residências, dando tranqüilidade ao governo e a seus pais. E os presos foram soltos imediatamente.

Presenciando os acontecimentos da Praça Sete, meu secretário de Educação, Doutor Christiano Machado, chegou ao Palácio esbaforido:

— Valladares, você não imagina o que se passa na Praça Sete, até desembargadores estão correndo para não serem presos pelas autoridades arbitrárias. Metralhadoras estão espalhadas nas calçadas.

— Obrigado pela informação, Christiano, fui eu quem deu a ordem.

Os tempos passaram, explodiu a guerra mundial, navios brasileiros eram afundados pelos alemães e italianos, fomos obrigados a deixar nossa exemplar neutralidade.

No dia da declaração de guerra, o entusiasmo em Belo Horizonte atingiu alturas vertiginosas e as multidões se perderam nos delírios coletivos.

Chamei o chefe de polícia e recomendei desse ordens aos delegados para que não praticassem qualquer violência e tivessem habilidade para evitar, por meios suasórios, que ocorressem depredações e excessos. Era, porém, preferível tolerar isto a matar brasileiros pela sua justa revolta ao desrespeito à nossa soberania. Agissem com calma e evitassem qualquer acontecimento desagradável.

Daí a pouco chegou meu amigo Christiano Machado afobado:

— Valladares, o povo está saqueando casas comerciais dos estrangeiros e a polícia procurando contê-lo por meios brandos, sem sequer efetuar uma prisão.

— Christiano, não foi você que me aconselhou, no caso dos estudantes, a proceder desta maneira? Vamos tomar café.

106
Harmonia

Este capítulo trata de vários assuntos, mas todos ao fito de mostrar a harmonia existente em Minas na época que descrevemos.

O governo prestigiava de maneira decisiva a magistratura, não só tendo o máximo cuidado na escolha dos juízes, como acatando-lhes as decisões. Talvez por isso recebi na capital uma grande manifestação de apreço de todos os juízes do estado.

Amigo íntimo e grande admirador de D. Antônio dos Santos Cabral, arcebispo de Belo Horizonte, gozava também da estima de todo o clero mineiro. Fui a Vitória paraninfar a sagração episcopal de D. Cavati, cooperei na organização do Congresso Eucarístico, tendo recebido de D. Leme uma carta em que dizia:

> Nem mesmo V. Exa. poderá formar idéia exata do bem imenso que ao Brasil fez o Congresso Eucarístico de Belo Horizonte. Em todo o território da pátria, o nome de V. Exa. é pronunciado com viva admiração pelas preces e pelos votos da alma cristã do nosso povo.
> Entre todos os brasileiros, porém, ninguém mais grato do que eu.
> Foram dias de tão alta vibração espiritual, que nunca poderão ser esquecidos.

Queira V. Exa. receber e transmitir à Exma. Senhora e suas filhinhas a expressão afetuosa dos meus melhores votos em Nosso Senhor.

Sebastião, Cardeal Arcebispo

O Presidente Getúlio passava sempre seu aniversário em Minas, cercado de todo carinho do povo e do governo.

Durante meu governo, eminentes homens públicos de todos os continentes — exceto da África — presidentes de República, embaixadores, Missões Militares, Missão Econômica, visitaram o estado.

O Ministro Oswaldo Aranha me perguntou que fazia eu com os visitantes estrangeiros, que voltavam encantados de Minas.

— É porque o protocolo funciona só no desembarque e às vezes nem à chegada, como aconteceu com o General Marschal, que foi a pé da estação ao hotel, a passos largos que os militares custaram a acompanhar.

Realizaram-se em Belo Horizonte manobras da Escola Militar do Realengo, com a presença do ministro da Guerra, General Eurico Gaspar Dutra; do chefe do Estado-Maior do Exército, General Góes Monteiro; e dos Generais Maurício Cardoso, Lúcio Esteves, Coelho Neto, Firmo Freire, Leitão de Carvalho, Pedro Carvalho e Pinto Guedes.

O governo e o povo de Minas os receberam com entusiasmo e os cercaram de todo carinho, realizando diversas solenidades em sua homenagem.

Quando fui ao Rio, o General Pinto Guedes me ofereceu um almoço na Escola Militar do Realengo, o que muito me honrou.

Resolvemos as velhas questões de limites entre São Paulo, Goiás e estado do Rio. Nas de Goiás e São Paulo foi Milton Campos o representante de Minas e na do estado do Rio o engenheiro Benedicto Quintino dos Santos, que já havia se esforçado para resolver o caso do Espírito Santo.

O tato, a inteligência e o patriotismo de Milton Campos, corroborado pelo representante de São Paulo, professor Francisco Morato, puseram fim a esta antiga e ingrata questão de limites entre os dois grandes estados.

Sugerimos se deixasse, nas zonas limítrofes povoadas, aos habitantes resolverem a que estado pertenciam. Armando Salles aceitou logo, convencido de que todos prefeririam pertencer a São Paulo. Deu-se o contrário, nenhum mineiro quis abandonar seu estado.

107
Tertúlia literária

O título deste capítulo é de Afonso Pena Júnior. Em fins de 1943, participando o Brasil da guerra mundial em defesa da democracia, mineiros, residentes em Minas e outros estados, escreveram um manifesto doutrinário e moderado, em que revelavam o desejo da volta do país ao regime democrático. Não fiquei contra esse manifesto, tanto que me esforcei ativamente junto ao Presidente Vargas para que restabelecesse a democracia, com a convocação de eleições, como terei ensejo de narrar.

O Presidente Getúlio chamou-me ao Rio e perguntou-me o que achava do manifesto.

— Água de flor de laranjeira, não convém dar-lhe importância. Mas o presidente pensava de modo diverso.

— Não, vamos dar uma lição a essa gente.

Creio que ele ficara contrariado, sobretudo por encontrar entre os signatários pessoas que viviam na sua intimidade.

Recomendou-me chamar os diretores de bancos e companhias e lhes fizesse sentir a gravidade da situação, caso não afastassem os assinantes do manifesto.

Chegando a Belo Horizonte, falei ao presidente da Belgo Mineira, que exonerou um dos diretores.

Da mesma maneira, convoquei os diretores do Banco da Lavoura e lhes adverti que, se mantivessem determinado diretor, a situação poderia agravar-se, porque não contariam mais com redesconto no Banco do Brasil, depósitos dos institutos, etc.

Durante meu governo não demiti um só funcionário por motivo político. Apenas afastei dois ou três de cargos de confiança por atuação política no âmbito federal. Um deles escreveu-me dando-me razão.

Em vez de demitir, nomeei muitos dos meus adversários da extremada política municipal.

Logo que os atos do presidente fizeram sentir contra os signatários do manifesto, houve reação e censura. Muito versado em La Fontaine, que lia com boa pronúncia no original, Afonso Pena Júnior, sabendo que pelos séculos afora são sempre os mais fracos que transmitem os males, passou ao Presidente Getúlio Vargas o seguinte telegrama:

> Cumprindo até o fim, e apesar de tudo, os deveres de amizade que em mim são tenazes, venho lembrar que a política de derribar o pau e apartar rodeio, que anda grosseiramente apregoando o infeliz delegado do governo em Minas, é a mesma política desmoralizada contra a qual combatemos juntos, há 13 anos, e tive arriscada a vida de um filho, bem inestimável que seria vergonha comparar a mesquinhos interesses pecuniários. Tal política, segundo o testemunho da história, tem sido caminho curtíssimo de perdição e ruína. Que Deus serene seu coração atribulado e lhe restitua a equanimidade que tem sido sua única força.

Sentindo a injustiça que me fazia, radiografei-lhe imediatamente:

> Tomei conhecimento de seu telegrama ao Presidente da República por cópia que está sendo divulgada nesta capital. Fiquei surpreendido com seus termos, pois estava acostumado a encará-lo como cidadão que, presente às portas dos governos quando vislumbra o mais leve indício de satisfazer as suas ambições, os detrata sempre às escondidas. Ainda bem que a máscara caiu, embora se tenha tido o cuidado de esconder a direção das unhas.

Recebi esta resposta:

Não sei se a cópia que diz ter chegado ao seu conhecimento será realmente a do telegrama que dirigi ao Senhor Presidente da República. Mas a lamentável grosseria de seu rádio demonstra apenas a muita razão e justiça com que o qualifiquei ali de infeliz delegado do governo em Minas. Creia na sinceridade da minha profunda compaixão.

Redargüi nestes termos:

Às vezes convém dizer que as verdades são grosserias, embora isto não exprima o que está na âmago da consciência. Não pode simular compaixão quem, alegando serviços, tem as mãos postas pedindo misericórdia.

A resposta veio logo:

Recebi seu segundo telegrama do bom julgador que por si julga os mais. Recomendo-lhe para encher os ócios do seu governo a leitura em La Fontaine fábulas décima quarta do Livro Terceiro e décima sexta do Livro Quinto, das quais há várias traduções.

Agora a minha:

Não tenho necessidade de recorrer às traduções de La Fontaine, se na fauna brasileira se encontram políticos que tão bem encarnam seus personagens. Fornecem, fazendo *blague*, listas para demissões de humildes funcionários, colaboram disfarçadamente na prática das mais inverossímeis violências, mas choramingam quando são atingidos de leve e não deixam de entoar loas... na expectativa de ainda poder satisfazer as suas ambições. Assim, não se trata por certo nem do velho leão nem da lima da fábula, mas da raposa matreira a que o tempo consegue apenas mudar a cor do pêlo.

Afonso Pena abespinhou-se:

Este terceiro telegrama, que acabo de receber, é realmente seu, inteiramente seu, feito, do começo ao fim, à sua imagem e semelhança. Ele mostra bem o imenso caminho percorrido desde que esse Palácio se chamou da Liberdade e era habitado por homens de consciência e dignidade, leais servidores do grande povo de Minas Gerais e depositários de sua confiança e estima. Ninguém poderia, sequer, imaginar que um desses varões fosse capaz de escrever documento, como este seu, inspirado na ária da calúnia, do Barbeiro de Sevilha. Vamos, faça sobre si mesmo um esforço sobre-humano, e, lembrado afinal dos deveres e responsabilidades de seu cargo, formule claramente, como fazem os homens de bem, as insinuações viperinas do seu tortuoso telegrama. Bem sei que entre a minha e a sua pessoa não resistiria o juízo do povo; e não pelo muito que eu valha, mas pela nenhuma conta em que o tem. Mas não quero ser julgado por esta simples presunção de valores. Venham, portanto, os fatos, todos os fatos, mas apenas os fatos, com toda a individuação e clareza, para que eu quebre de vez os dentes da calúnia, e possa formular meu libelo.

E eu, tranqüilo:

Não se faça de ingênuo, dê tratos à cansada memória que ela lhe proporcionará uma noite feliz, com a recordação dos tempos da Secretaria do Interior, da presidência do PRM e do Ministério da Justiça. Se está preocupado com o julgamento do povo, feche as portas, porque até hoje a nação fica estarrecida com esta lembrança.

Afinal, veio o telegrama de encerramento:

Seus telegramas, particularmente o em que foge a um repto de honra, mostrarão definitivamente ao governo e povo do Brasil a humilhação que vem sofrendo a nobre e generosa terra mineira. Nada mais pretendia nem pretendo.

E eu, sem azedume:

Depois de seu último telegrama cheguei à conclusão de que o melhor é deixar que continue na necessária ilusão de que tem grande superioridade moral e intelectual sobre os outros homens. Isso lhe faz bem. Seja feliz.

Tínhamos um amigo comum, o saudoso e ilustre mineiro Carvalho de Brito. Preocupado em nos harmonizar, ele promoveu o almoço da paz. Lá tive oportunidade de ouvir a prosa encantadora de Afonso Pena Júnior. Classificou a nossa troca de telegramas de "tertúlia literária", e saímos sem nenhum ressentimento um do outro, ficando, assim, crismada a nossa velha amizade.

Sobre o assunto, recebi, do professor Mendes Pimentel, um dos signatários do manifesto, esta honrosa carta:

Rio, 21 de janeiro de 1944.

Prezado Dr. Benedicto Valladares,

Desde alguns dias chegou a meu conhecimento correr, aqui e em São Paulo, cópia da carta que eu teria dirigido ao Governador de Minas Gerais sobre assunto político. Desconhecendo o conteúdo desse documento, limitei-me a declarar, a pessoas que dele tiveram notícia, ser apócrifa tal missiva, pois que há muito que não tenho o prazer de me dirigir ao Dr. Valladares.

Agora, porém, o Dr. Gontijo de Carvalho, recém-chegado de São Paulo, comunica-me que ali leu exemplar impresso dessa maliciosa forjadura, concebida em termos violentos e com agressões pessoais ao Dr. Benedicto Valladares.

Em tempos normais eu desautorizaria a burla pela imprensa. Não o faço no momento porque me acostumei a só expandir meu pensamento com plena liberdade.

Por temperamento e por educação eu seria incapaz de ofender, sob pretexto político, a qualquer pessoa, principalmente a um colega e amigo de quem só tenho recebido reiteradas demonstrações de consideração, pelas quais lhe sou sinceramente grato.

Estou certo de que você fará justiça, certo de que eu não concorro, nem mesmo por silêncio voluntário, para essa manobra desleal.

Apesar de expansão de amizade, esta carta não tem caráter confidencial, pois que repete o que tenho dito a quem comigo conversa sobre o assunto. E, não importando ela retratação de atitude política, eu só lastimo que não a possa tornar pública.

Receba-a como preito à verdade e como afetuosa homenagem do seu colega e amigo muito grato,

F. Mendes Pimentel

108
Esforço inútil

Procurei o Presidente Getúlio e entabulei com ele o seguinte diálogo:

— Presidente, estamos lutando na Europa ao lado dos Aliados pela democracia. Muitos brasileiros já foram sacrificados. Não podemos continuar no regime ditatorial em que estamos vivendo. O senhor podia convocar uma constituinte e se elegeria facilmente.

— Você acha que eu quero governar com o Parlamento, Benedicto?!...

— Mas, presidente, o senhor não realizou o plebiscito, nem criou os órgãos determinados pela Constituição. O governo está sem pára-choques e eu sinto que o povo quer eleições.

— Procure o ministro da Justiça.

Fui ao ministério e abordei o assunto com o Ministro Marcondes Filho, que se mostrou acessível à minha idéia, mas não acreditava que o chefe concordasse.

Voltei ao Palácio Guanabara e solicitei do Presidente Getúlio autorização para procurar Francisco Campos e conseguir dele adaptar a Constituição de 1937 às novas condições políticas.

Telefonei ao Campos, que aquiesceu em fazer a reforma desejada, com a qual estava de pleno acordo.

— A Constituição de 1937 se destinava a uma época, agora não serve mais; o presidente fez muito mal em não convocar o plebiscito.

À noite fui ao escritório do Campos, e, enquanto eu descansava num sofá, ele escrevia sem parar.

Às duas horas da madrugada, leu para mim o notável trabalho que escrevera, sem abrir um livro.

Combinamos que eu obteria uma audiência do presidente a fim de lhe ser entregue a reforma.

A audiência foi marcada para as nove horas da noite no Palácio Guanabara. Quando para lá nos dirigíamos, o Campos me propôs:

— Entregamos a reforma e saímos.

Que ilusão... O presidente nos recebeu no pequeno escritório, tomou o trabalho, pôs os óculos e começou logo a sua leitura, iluminado pela luz forte do abajur que aumentava o calor.

De vez em quando fazia exclamações:

— Mas este é o meu DASP...

E depois de mais algumas páginas de leitura:

— Seria bom a gente ter a liberdade de nomear homens de bem para o Senado.

Saímos do Palácio Guanabara com o compromisso de nada revelar e convencidos de que o nosso esforço fora inútil.

109
O queremismo

Mas assim não aconteceu; premido pelas circunstâncias de ordem internacional e pelo ambiente de excitação no país, o Presidente Getúlio Vargas resolveu afinal baixar a Lei Constitucional nº 9, de 28 de fevereiro de 1945, referendada pelos Ministros Alexandre Marcondes Filho, A. de Souza Costa, José Roberto de Macedo Soares, Apolônio Salles, Gustavo Capanema e J. S. Salgado Filho, modificando diversos artigos da Constituição e suprimindo outros.

O artigo 4º ficou assim redigido:

> Dentro de noventa dias serão fixadas em lei as datas das eleições para o segundo período presidencial e para governadores dos Estados, assim como das primeiras eleições para o Parlamento e as Assembléias Legislativas. Considerar-se-ão eleitos e habilitados a exercer o mandato os cidadãos diplomados pelos órgãos incumbidos de apurar as eleições. O presidente eleito tomará posse trinta dias depois de lhe ser comunicado o resultado da eleição, perante o órgão incumbido de proclamá-lo. O Parlamento instalar-se-á sessenta dias após a sua eleição.

Os adversários do governo organizaram logo a União Democrática Nacional e lançaram a candidatura do Brigadeiro Eduardo Gomes, enquanto o povo nas ruas gritava de coração à larga: "Queremos constituinte com Getúlio!"

110
O grito

Os políticos começaram a freqüentar a casa do ministro da Guerra; José Américo, Francisco Campos e muitos outros lá foram levar suas dúvidas e apreensões. José Américo deu no *Correio da Manhã* o célebre grito de larga repercussão. Francisco Campos fez pelo mesmo jornal, em linguagem acre, um apelo ao patriotismo do Presidente Getúlio.

O General Dutra apareceu à noite em meu apartamento, muito preocupado, dizendo não saber para onde o presidente queria levar o país.

— Ministro, já que foi lançada a candidatura do Brigadeiro Eduardo Gomes, pela União Democrática Nacional, só vejo uma solução: o lançamento de seu nome pelo nosso partido.

— O Getúlio não concorda.

— Aceita, sim, vou amanhã a Petrópolis conversar com ele.

No outro dia, pela manhã, subi a Petrópolis. Recebido no Palácio Rio Negro, fiz ao presidente uma exposição sucinta da situação, e concluí dizendo que em oposição à candidatura do Brigadeiro Eduardo Gomes, deveríamos lançar o nome do General Eurico Gaspar Dutra.

O presidente, depois de aludir à entrevista de Francisco Campos, disse que eu tinha razão. Tocou a campainha e determinou ao oficial de gabinete que atendeu:

— Telefone ao ministro da Guerra para subir.

De volta de Petrópolis, o General Dutra procurou-me e disse que o presidente concordara com o lançamento de sua candidatura.

— Vou então a São Paulo ver se consigo que ela seja lançada lá. Minas e São Paulo unidos, a vitória é certa.

Subi a Petrópolis e falei ao Presidente Getúlio Vargas só o assunto. Ponderou:

— Os gaúchos vão ficar com ciúmes de Minas Gerais.

Não dei maior atenção a este comentário e segui para São Paulo, acompanhado do prefeito de Belo Horizonte, Juscelino Kubitschek, do meu assistente militar, Coronel João Câncio de Albuquerque, e do oficial de gabinete, Christiano Martins.

111
São Paulo não decepcionou

Nossa recepção em São Paulo foi a mais fria possível, lembrando a de Ouro Preto, ao tempo de minha excursão de candidato. O Interventor Fernando Costa, embora avisado, não me foi receber. Mandei meu assistente militar telefonar aos Campos Elíseos comunicando que me encontrava em São Paulo e desejava avistar-me com o interventor. A resposta foi que ele me iria visitar. Algum tempo depois Fernando Costa descia no Hotel Esplanada.

Fiz-me uma exposição sucinta do motivo de minha ida a São Paulo. Pareceu não prestar atenção ao que eu dizia.

Em dado momento, perguntei-lhe:

— Então, Fernando, estamos entendidos sobre a candidatura do general?

— Que general? — respondeu com seu jeitão simplório.

Fiquei desolado.

Pedi-lhe que reunisse alguns políticos nos Campos Elíseos para conversarmos.

Lá chegando, em companhia do chefe do cerimonial, Franchini Netto, e de Juscelino Kubitschek, deparei a mesma atmosfera álgida. No meu trato com Fernando Costa ele escorregava como se estivesse untado de azeite, queria sempre mudar de assunto.

De vez em quando o telefone tilintava; devia ser Benjamin Vargas.

Melhor compreensão não encontrei da parte dos políticos que lá se reuniam. Com exceção de Cirilo Júnior e Mário Tavares, que receberam com entusiasmo a idéia da candidatura Dutra, todos os demais pareciam a sombra de Fernando Costa.

Voltamos ao hotel e para distrair-nos passamos no Pacaembu, onde se jogava uma partida de futebol. Quando os alto-falantes anunciaram intempestivamente a nossa presença no estádio, houve um começo de vaia, abafado pelas palmas dos que não concordaram com a grosseria.

Retiramo-nos. Juscelino tentou falar com Horácio Láfer, com quem havia estreitado relações na Câmara, mas não conseguiu.

O General Barcellos telefonou-me do Rio:

— Valladares, que história é esta, você está querendo dividir o Exército?

— Será dividir o Exército indicar um dos seus chefes para a Presidência da República?

— Já há um militar indicado.

— Muito digno, mas é da oposição.

Contrariados, despedimo-nos.

Os repórteres não saíam do hotel a nos atormentar com pedido de notícias.

Convidei Juscelino e fomos para fora da cidade refletir.

Deixamos o automóvel e nos sentamos num barranco à beira da estrada.

Lá me veio a idéia providencial de procurar o Cardeal D. Motta, mineiro nosso amigo, e Gastão Vidigal. Chegando ao hotel, telefonei ao cardeal.

— Vou aí visitá-los.

Realmente, foi, e convidou-nos para almoçar no Palácio Episcopal.

Chamei Gastão Vidigal e expus-lhe minha opinião sobre os acontecimentos, frisando a necessidade da candidatura Dutra para que o país se constitucionalizasse. A União Democrática Nacional não conseguiria eleger o Brigadeiro Eduardo Gomes com a oposição do Presidente Getúlio. Gastão Vidigal, homem muito inteligente, compreendeu a gravidade da situação e concordou em que o caminho certo era o proposto por mim.

— Você tem toda razão, está agindo com patriotismo e São Paulo não pode decepcioná-lo. Vou oferecer-lhe um jantar em minha casa e convido todos os políticos, pertençam a que Partido pertencerem, e lá resolveremos o assunto.

Assim aconteceu. Num jantar a que compareceram os políticos de todos os Partidos, inclusive do velho PRP, e o representante do interventor, ficou assentada a candidatura do General Dutra.

Virgílio de Mello Franco chamou Gastão Vidigal ao telefone e estabeleceu com ele diálogo que não nos pareceu muito amável, a julgar pelas respostas de Gastão Vidigal, que terminou dizendo:

— Não, o Valladares tem toda a razão, e São Paulo vai apoiar a candidatura do General Dutra.

Numa atmosfera da mais alegre expectativa transcorreu nosso jantar.

112
Lançamento da candidatura do General Dutra em São Paulo

No outro dia os jornais noticiavam com grande destaque a reunião política no Palácio dos Campos Elíseos. O *Jornal do Comércio* assim se expressava:

> Dando início à memorável reunião, que marca uma etapa histórica na fase política do Brasil, o Interventor Fernando Costa passou a palavra ao Governador de Minas Gerais.
> O coordenador das correntes políticas nacionais, aproximando-se do microfone, proferiu, então, o seguinte discurso, entrecortado, diversas vezes, por vibrantes aplausos:
> "Agradecemos a oportunidade que o senhor Interventor Fernando Costa acaba de nos proporcionar, de podermos falar, mais uma vez, aos paulistas, sobre a situação da política nacional.
> Colocada no centro do país, por contingência de nossa geografia política, Minas Gerais está na dependência de outros Estados da Federação, para com eles colaborar no engrandecimento da pátria. E isso, ao invés de ser um mal, é um bem, porque concorre para o fortalecimento da unidade nacional. Por estes caminhos que o produto do trabalho do povo mineiro alcança as demais unidades da Federação e do exterior é que devem vir o pensamento e o sentimento político de Minas Gerais. É esta a razão da

nossa presença em São Paulo. Durante os dias que temos passado na vossa grande capital, temos tido oportunidade de conversar com as mais altas expressões do pensamento político de São Paulo, representado pelos seus homens de governo, pelos elementos partidários, pela sua indústria, pelo seu comércio e sua lavoura, pelo seu operariado, por todas as classes enfim, entre as quais as que têm a missão de velar pelo sentimento religioso e espiritual do povo.

De todos temos ouvido que, na realidade, é necessário que nós brasileiros nos coloquemos bem alto, na emergência política por que está passando o Brasil.

Os sentimentos democráticos do povo paulista e do povo mineiro são idênticos aos de toda a nação brasileira.

Estando o problema da reorganização política do país e da sucessão presidencial posto em discussão, tivemos a satisfação de nos certificarmos de que, também nesse particular, o pensamento político de São Paulo é o mesmo de Minas Gerais.

Dando forma a esse pensamento, acordamos no nome do General Eurico Gaspar Dutra, para ser sugerido aos demais Estados da Federação, a fim de suceder ao eminente Presidente Getúlio Vargas na suprema magistratura do país. Cidadão ilustre e digno, dotado de raras virtudes cívicas, e nobre figura militar, cuja atuação no seio de nosso Exército, promovendo seu completo aparelhamento o organizando a Força Expedicionária que tão alto está levantando as tradições de valor do Brasil, o nome do General Eurico Gaspar Dutra é garantia de que serão satisfeitas as aspirações do povo brasileiro à democracia, à ordem, à paz, à continuidade da nossa política social, de perfeita harmonia entre o capital e o trabalho, e de nossa política externa, de crescente cooperação e solidariedade interamericana.

Anunciando, pois, a candidatura do General Eurico Gaspar Dutra à Presidência da República, é com sincera emoção que reafirmamos o propósito de, juntamente com o povo de São Paulo e dos demais Estados da Federação, dedicar os melhores esforços para a grandeza da pátria sob cuja bandeira vivemos.

Com estes pensamentos, agradecemos a São Paulo suas manifestações de simpatia para com Minas Gerais e saudamos o espírito patriótico de seus filhos."

Finalmente, o Dr. Cirilo Júnior leu a seguinte nota:

Interpretando o sentimento do povo mineiro, o Governador Benedicto Valladares, após seu breve entendimento com o Interventor Fernando Costa, resolveu entrar em contato com destacadas expressões do pensamento político e das atividades de São Paulo, à semelhança do que vem fazendo junto a iguais representações de outros estados, visando a uma solução elevada e patriótica para o problema da sucessão presidencial.

A esclarecida e desinteressada iniciativa do Sr. Benedicto Valladares encontrou, desde logo, amplo apoio por parte de elementos representativos de São Paulo, que, animados de desprendimento, jamais se negaram a participar de qualquer movimento de interesse para o futuro da nação.

As conversações se fizeram sob o pensamento de se agruparem as correntes de opinião de todos os estados em torno de uma candidatura capaz de assegurar a necessária revisão constitucional em moldes essencialmente democráticos, a continuidade da política social do Brasil, a da política externa de solidariedade continental e a do fortalecimento econômico, e que, vindo ao encontro das justas aspirações da coletividade civil, reúna, ao mesmo tempo, o apoio das nobres classes armadas, responsáveis diretas pela nossa soberania, pela ordem e tranqüilidade do país.

Em conseqüência dos entendimentos havidos, foi realizada hoje, no Palácio dos Campos Elíseos, grande reunião que assinalará uma das mais importantes deliberações coletivas da nossa história política.

Foi, então, proposta, para a sucessão presidencial da República, a candidatura do Senhor General Eurico Gaspar Dutra, militar ilustre, por todos os títulos digno, que se fez credor do apreço e da admiração dos brasileiros pelas suas excepcionais qualidades de cidadão probo e íntegro, como pela sua atuação no seio do Exército Nacional que ora participa, através da nossa gloriosa Força Expedicionária, juntamente com as forças da Marinha e da Aviação, da vanguarda dos Exércitos Aliados que se batem para reintegrar o mundo na posse dos valores da liberdade e da democracia. O nome honrado do General Eurico Gaspar Dutra constitui seguro penhor da completa realização das aspirações democráticas e daqueles legítimos propósitos do povo brasileiro.

As personalidades presentes, representativas dos meios políticos e das classes produtoras de São Paulo, dando seu apoio individual à fórmula sugerida, ressalvado o pronunciamento de seus partidos ou associações, abrem caminho para que prossigam os entendimentos e sejam, afinal, atendidos os altos objetivos da coletividade.

Terminada a reunião, dirigi-me, em companhia de Franchini Netto e de minha comitiva, a um restaurante, onde ofereci jantar aos jornalistas de São Paulo.

113
O regresso

Retornamos a Minas, onde fomos recebidos com estrondosa manifestação pública.

Os jornais que me faziam oposição exageraram a notícia da vaia e daí talvez a reação dos mineiros.

Todas as dependências da Estação da Central e a praça defronte se achavam literalmente cheias, formando-se uma multidão que aumentava de minuto a minuto e se espraiava pela Avenida Amazonas e ruas adjacentes. Na plataforma da estação era impossível a uma pessoa se mover. Lá se encontravam o Desembargador Nísio Batista, presidente, e ilustres membros da Corte de Apelação; o Coronel Alencar Araripe, Comandante da I. D. 4; o Major José Lopes Bragança, Comandante do C.P.O.R.; o representante do Arcebispo Metropolitano; o presidente, Ciro dos Anjos, e os membros do Conselho Administrativo do Estado; os Secretários e auxiliares do Governo; representantes de associações de classe; comissões sindicais e de vários municípios.

Em nome do povo mineiro falou o advogado Júlio Ferreira de Carvalho, salientando "a fidelidade de sentimentos com que o Governador Benedicto Valladares tem sabido interpretar e encarar a alma cívica mineira, assim como os dotes de cidadão e de administrador que o impuseram à estima do povo"; Gentil de Carvalho, em nome do Comércio e da

Indústria; Paulo Avelino Soares, representando os trabalhadores; Antônio Abrahão Caran, pelos esportistas mineiros; Juscelino Dermeval da Fonseca, em nome de Belo Horizonte; e, finalmente, Omar Diniz, pelo Triângulo Mineiro.

Respondendo, proferi um improviso que o notável taquígrafo do Palácio, o saudoso José de Oliveira Costa, apanhou e foi publicado nos jornais:

> Não nos surpreendeu esta manifestação grandiosa em que se patenteia vossa solidariedade, no momento em que retornamos de São Paulo, onde fizemos afirmativa política em nome do povo de Minas Gerais.
>
> Tínhamos a convicção de que estávamos interpretando, com fidelidade, seus sentimentos. Eles são constantes, porque encerram o desejo da ordem, da paz, da liberdade, do trabalho construtivo em bem da pátria.
>
> Os compromissos assumidos em São Paulo, em nome de Minas, quer com as instituições democráticas, as quais desejamos ver preservadas na hora presente, quer com o nome que fosse garantia e segurança deste propósito, tínhamos a certeza de que seriam ratificados pelo povo mineiro.
>
> Na caminhada da democracia, não nos deve preocupar a poeira do caminho, levantada pelo tropel dos ódios incontidos.
>
> Sabemos os mineiros que não se pode construir sobre areia movediça das paixões exaltadas.
>
> É da nossa proverbial serenidade que a nação espera a colaboração eficiente em benefício das instituições democráticas.
>
> Tivemos ensejo de ouvir em São Paulo o seu governo, seu clero, seus homens públicos, suas classes produtoras, seus operários.
>
> De todos recebemos palavras de animação e simpatia por esta causa que é do país. Os entendimentos ali vieram consolidar mais a nossa posição na política nacional pois desde o Amazonas até o Rio Grande do Sul vivemos na mais perfeita harmonia.
>
> Todo o Brasil sabe que Minas não alimenta preocupações regionalistas, nem outro qualquer interesse senão servir à pátria. E neste desprendimento é que reside a nossa força na comunhão brasileira.

Precisamos honrar as tradições de povo liberal, colocando a campanha política à altura das verdadeiras normas democráticas. Democratas são os civicamente educados. Não trabalham pela democracia aqueles que não sabem controlar os seus sentimentos pessoais.

Os vencidos devem estender a mão aos eleitos das urnas. Este é o pensamento que domina o espírito e o coração de Minas e foi com ele que, em São Paulo, acordamos no nome do grande militar General Eurico Gaspar Dutra para candidato à mais alta magistratura da nação, em substituição ao eminente brasileiro Sr. Getúlio Vargas que tem, pelos seus assinalados serviços ao Brasil, um lugar especial nos sentimentos de justiça do povo de Minas Gerais.

O candidato que São Paulo e Minas lembram às demais unidades da Federação está de acordo com o pensamento político democrático que anima o país. Soldado ilustre, tem concorrido para manter a paz interna e foi o reorganizador da Força Expedicionária que defende, em terras estrangeiras, a soberania da pátria brasileira.

Se temos hoje posição destacada no concerto mundial, devido ao heroísmo de nossas Forças Armadas, isto devemos em grande parte ao timoneiro do Exército, que não só cuidou de seu preparo técnico, criando escolas teóricas e práticas, como também o aparelhou com os mais modernos instrumentos de guerra.

Se as virtudes militares o fazem admirado de seus comandados, as qualidades de cidadão probo, sereno e simples o tornam estimado da nação.

Nós, que nunca iludimos o povo, que jamais prometemos para não cumprir, nos sentimos com autoridade bastante para declarar aos mineiros que a candidatura de Eurico Gaspar Dutra está de conformidade com os seus anseios de praticar e preservar a democracia.

As classes produtoras terão a garantia de que, no seu governo, será mantida a mais justa harmonia entre o capital e o trabalho. Os trabalhadores serão olhados por ele com a atenção que consagra aos problemas fundamentais do Brasil.

De S. Exa. ouvimos que não era possível nada fazer de sólido na pátria se nos esquecêssemos dos que mourejam, de sol a sol, pela grandeza do Brasil.

As leis trabalhistas serão executadas com a vigilância do soldado que sabe que os trabalhadores são como um grande exército da prosperidade econômica da pátria.

Com relação à política externa, se não tivéssemos outras afirmações de S. Exa., bastava a ação da Força Expedicionária, que, ombro a ombro, combate ao lado do soldado americano, não-somente pela vitória do nosso continente, mas também pela das idéias que esposamos e que hão de tornar felizes os homens na Terra.

Ninguém colocou mais alto a bandeira da democracia do que o Exército Brasileiro. E foi do seio dele que o povo brasileiro tirou seu candidato à suprema magistratura do país, na hora difícil que atravessamos.

Com estas palavras, nós vos agradecemos estas homenagens significativas, saudando o povo de Minas, na certeza de que estará unido, sereno e firme, na defesa da democracia.

Encerradas as manifestações na gare da Central do Brasil, segui com o povo pelas principais avenidas da cidade, acompanhado de minha comitiva, e só consegui tomar o carro que me levaria ao Palácio da Liberdade na esquina da Av. Afonso Pena com a Rua da Bahia.

No dia seguinte os jornais noticiaram os fatos, fazendo o seguinte comentário:

A história política de Minas passa a registrar agora mais um acontecimento ímpar. A recepção que o povo de Belo Horizonte fez ontem ao Governador Benedicto Valladares é daqueles fastos que afirmam a alma cívica mineira e salientam, não somente a sua profunda consciência patriótica, mas também sua capacidade de querer e estimar um homem público integrado em seus ideais e aspirações. Foi uma consagração o que o povo da capital prestou ontem ao Governador Benedicto Valladares, ao seu regresso do Rio de Janeiro e de São Paulo, onde mais uma vez elevara o nome de Minas, projetando a força e a grandeza da alma mineira no problema da sucessão presidencial. Foi uma manifestação popular que atingiu o mais alto grau de vibração e de entusiasmo, transformando-se num eloqüente pronunciamento. A imponência e o calor da recepção valeram como uma ratificação, pelo povo, da patriótica atuação que o chefe do governo do nosso estado vem tendo na política nacional. Uma afirmação de que o povo de Minas está com o Governador Benedicto Valladares e de que a sua pessoa é uma das mais queridas pelo povo, de quantas já passaram pelos altos postos da administração estadual. Um testemunho de que Minas vem sendo governada com o povo, com o apoio e estima do povo.

114
A convenção mineira

Convoquei para 8 de abril a convenção que deveria deliberar sobre a organização do partido político e a escolha do candidato de Minas Gerais à Presidência da República.

Os estados limítrofes foram convidados. Compareceram representantes de São Paulo, Espírito Santo, Rio de Janeiro, Bahia, Mato Grosso, bem como do General Eurico Gaspar Dutra, respectivamente, Sebastião Nogueira de Lima e J. Carvalhal Filho, Alfredo da Silva Neves, Tarcílio Vieira de Mello, José Henrique Hastenreiter e Luiz Gonzaga Novelli.

Às vinte horas o "Estádio Benedicto Valladares" estava repleto. Além de milhares de representantes de trezentos e doze municípios, integrando todas as classes sociais, prefeitos, inúmeros ex-presidentes de câmaras e ex-vereadores, operários, lá estavam ministros de Estado, membros do gabinete da Presidência da República, professores da Universidade, advogados, médicos, padres, industriais, diretores de estrada de ferro, funcionários, presidentes de sindicatos, ex-vice-presidente da República, ex-presidente de Estado, dezesseis ex-secretários de Estado, vinte e três ex-deputados federais, vinte e sete ex-deputados estaduais, três ex-senadores, um ex-constituinte de 1891, Ignácio Murta, seis ex-vereadores da capital.

Se não se tratasse de assunto tão importante, talvez desse a este capítulo o título de *ex*.

O comparecimento dos ex-representantes do povo revelava seu anseio pela volta do país ao regime democrático e convidava o narrador a servir-se da partícula que os qualifica para encimar o capítulo. Estamos tratando, porém, da convenção para a escolha do candidato à Presidência da República e essa é a palavra adequada.

Aberta a sessão e organizada a mesa, da qual participaram também os representantes dos estados, fiz rápida exposição do que se passara em São Paulo, resumindo os entendimentos essenciais para serem discutidos e votados pela Assembléia.

— Regime democrático, com fiel acatamento à vontade popular, evidenciado na liberdade de propaganda das candidaturas e idéias, em eleições livres, e na mais completa submissão ao resultado das urnas.

— Política social de perfeita harmonia entre o capital e o trabalho, com garantia efetiva dos direitos do trabalhador. Política externa de solidariedade continental, com melhor compreensão da vida internacional, em que todos os povos tenham assegurado o direito à paz, ao trabalho e à prosperidade.

— Sugestão do nome do General Eurico Gaspar Dutra para candidato à Presidência da República nas próximas eleições.

— Organização do Partido Social Democrático.

Aloísio Leite Guimarães, usando da palavra, disse que a organização definitiva do partido, com programa e estatutos, estava na dependência da lei eleitoral em elaboração, e assim propunha que se elegesse a Comissão Executiva do Partido, com plenos poderes para prosseguir nos trabalhos iniciados. Para integrar a comissão do Partido Social Democrático de Minas, sugeria os seguintes nomes: Benedicto Valladares Ribeiro, presidente; Israel Pinheiro da Silva, vice-presidente; Juscelino Kubitschek de Oliveira, 1º secretário; Christiano Monteiro Machado, 2º secretário; João Correia Tavares Beraldo, tesoureiro. Membros: Fernando de Mello Viana, Gustavo Capanema, Levindo Eduardo Coelho, José Francisco Bias Fortes, Álvaro Braga de Araújo, Noraldino Lima, Augusto das Chagas Viegas, Luiz Martíns Soares, José Rodrigues Seabra, José Maria Alkmin, Euvaldo

Lodi, Celso Porfírio Machado, Clemente Medrado, Carlos Coimbra da Luz, Adélio Dias Maciel, Idalino Ribeiro, Ovídio Xavier de Abreu, Pedro Dutra Nicácio Neto, João Henrique Sampaio Vieira da Silva, Álvaro Cardoso de Menezes e Édison Álvares da Silva.

Posta em discussão e votação, a proposta foi aprovada, sob calorosos aplausos. E assim ficou eleita a primeira Comissão Executiva do PSD de Minas Gerais.

O convencional Eliseu Laborne e Valle propôs:

— Que o Partido Social Democrático de Minas Gerais, em organização, entrasse, por seu órgão diretor, em entendimento com as forças políticas dos demais estados sobre a constituição de um partido de âmbito nacional, conferindo plenos poderes ao referido órgão para resolver sobre o assunto como lhe parecesse mais conveniente.

— Que, no caso de não se constituir o partido de âmbito nacional, ao qual pudesse incorporar-se o PSD de Minas Gerais, ficasse a Comissão Executiva investida de plenos poderes para elaborar o programa político e social e os estatutos da nova agremiação partidária.

— Que se investisse a Comissão Executiva dos poderes necessários para reconhecer os diretórios que se formassem nos municípios.

Posta em discussão e votação, a proposição foi aprovada. Anunciei que seriam submetidos agora à consideração da Assembléia os entendimentos que tive em São Paulo, contidos nos itens anunciados.

Encaminhando a votação, falaram José Maria Alkmin, Levindo Eduardo Coelho, Augusto das Chagas Viegas e Álvaro de Araújo Braga, que fizeram o elogio da personalidade do candidato General Eurico Gaspar Dutra.

Estando bem esclarecidos os pontos em debate, encerrei a discussão e os submeti a votos.

Foram aprovados os princípios essenciais do programa do partido. E, finalmente, sob vibrantes e prolongados aplausos, todos de pé, foi homologada a candidatura do General Eurico Gaspar Dutra à Presidência da República.

O prefeito da capital, Juscelino Kubitschek, saudou os delegados dos estados presentes à convenção. Agradecendo, falaram Sebastião Nogueira Lima, secretário de Educação de São Paulo, Tarcílio Vieira de Mello, Alfredo da Silva Neves, Marcondes Alves de Souza Júnior e José Henrique Hastenreiter, entusiasticamente aplaudidos. Falaram o grande orador Boulanger Pucci, representante de Uberaba, elogiando o candidato, e o estudante Sebastião Pinheiro Chagas, enaltecendo o presidente e os membros da Comissão Executiva. Em nome desta, discursou Fernando de Mello Viana, agradecendo a eleição e fazendo o elogio do presidente da Comissão. Falaram ainda Clemente Medrado, enaltecendo a política do governador, e José Francisco Bias Fortes, evocando a personalidade do Presidente Getúlio Vargas.

Foi o que ocorreu de mais notável naquela convenção de tão largas repercussões na vida política do país.

115
A convenção do Espírito Santo

Iniciou-se a organização do Partido Social Democrático nos estados da Federação.

Convidado, fiz-me representar pelo Dr. Israel Pinheiro nas convenções do Espírito Santo e de São Paulo.

Às dez horas e quinze minutos do dia 23 de maio de 1945, realizou-se na Escola Normal Pedro II uma reunião preliminar do Partido Social Democrático do Espírito Santo, em que se escolheu a sua primeira diretoria, assim constituída: presidente, Interventor Santos Neves; vice-presidente, Ari Vianna; 1º secretário, Eurico de Aguiar Saltes; 2º secretário, Carlos Marciano de Medeiros; tesoureiro, Sílvio Monteiro Avilez.

Foram criadas também as Comissões Executiva, Técnica, de Finanças e de Propaganda, e escolhidos os seus membros.

Às vinte e trinta horas realizou-se a sessão solene no Teatro Carlos Gomes, que estava repleto.

Às vinte e uma horas deu entrada no recinto o Interventor Santos Neves, presidente do Partido Social Democrático no Espírito Santo, acompanhado dos representantes do General Eurico Gaspar Dutra, do Governador Benedicto Valladares e do Interventor Amaral Peixoto, respectivamente, jornalista Abner Mourão, Israel Pinheiro e Sílvio Tavares.

Foi ratificada a reunião preliminar, falando diversos oradores, dentre os quais o representante de Minas Gerais, Israel Pinheiro.

Finalmente, por proposta do Dr. Carlos Lindenberg, fez-se o lançamento oficial da candidatura do General Eurico Gaspar Dutra.

116
A convenção de São Paulo

Sob o título pomposo de "Um marco na história republicana de São Paulo", o *Estado de S. Paulo* descreve o grandioso conclave realizado no Teatro Municipal.

> Na histórica noite de anteontem, vivendo um dos momentos culminantes de sua vida política, São Paulo, em meio do mais intenso entusiasmo cívico, assistiu à instalação solene da grande convenção do Partido Social Democrático. A memorável assembléia, ansiosamente aguardada em todo o país, e cujo êxito ultrapassou as mais otimistas expectativas, reuniu-se no Teatro Municipal, aonde afluíram, além dos representantes do mundo oficial e de todas as nossas classes sociais, delegações de todos os municípios do estado, que superlotaram as amplas dependências do monumental edifício.

Iniciaram-se os trabalhos às vinte e uma horas. À mesa de honra, localizada no palco, além do Interventor Fernando Costa e pessoas gradas do estado, assentaram o representante do General Eurico Gaspar Dutra, Luiz Novelli Júnior; Israel Pinheiro, representante do governador de Minas Gerais, Benedicto Valladares; Alfredo Neves e Alcindo Sodré, representando o interventor do estado do Rio, Amaral Peixoto; José Ribas, representando o Interventor Magalhães Barata, do estado do Pará; Major Fernando Flores, representando o Interventor Manoel Ribas.

Presidiu a sessão Cirilo Júnior, que, sob vibrantes aclamações, declarou instalada a convenção e deu a palavra a Octávio Lopes Castelo Branco, Prefeito de Limeira, que proferiu um longo e vibrante discurso, no qual elogiou o Interventor Fernando Costa e concluiu propondo os seguintes nomes para o Diretório do Partido Social Democrático em São Paulo: Fernando Costa, Presidente; Mário Tavares, vice-presidente; Carlos Cirilo Júnior, secretário-geral; Godofredo Teixeira da Silva Teles, tesoureiro; membros: Antônio Ezequiel Feliciano da Silva, Armando da Silva Prado, Artur Pequeroby de Aquiar Whitaker, Brasílio Machado Neto, Bento de Abreu Sampaio Vidal, César Lacerda de Vergueiro, Eduardo Vergueiro de Lorena, Gastão Vidigal, Gabriel Monteiro da Silva, Inocêncio Seráfico de Assis Carvalho, João Carvalhal Filho, José Alves Palma, J. J. Cardoso de Mello Netto, José de Carvalho Sobrinho, José César de Oliveira Costa, José Rodrigues Alves Sobrinho, Joviano Alvim, Luiz Rodolfo Miranda, Olavo Queiroz Guimarães, Reinaldo Smith de Vasconcelos, Roberto Simonsen, Romeu Tortima, Sebastião Nogueira de Lima, Sílvio de Campos e Teófilo Ribeiro de Andrade.

Debaixo do maior entusiasmo da assistência, foi aclamada a primeira Diretoria do PSD de São Paulo.

Cirilo Júnior passou a presidência ao presidente que acabava de ser aclamado, Interventor Fernando Costa, que proferiu longo e substancioso discurso em que disse que a "educação é o problema capital no programa do partido; a educação entendida como integração social e liberação humana, isto é, a preparação para a democracia e para a vida social; a formação física, intelectual e moral da infância e da juventude; a preparação técnico-profissional da mocidade e, principalmente, como fator básico da eficiência educacional brasileira, a formação dos mestres e dos educadores — valores primaciais da nossa civilização".

Abordou o problema da saúde do povo; da política econômica e financeira do partido; da assistência à agricultura; do incentivo à pecuária e à indústria; do estímulo à iniciativa privada; do aproveitamento da riqueza do subsolo e das quedas d'água; do impedimento e embaraço aos trustes e monopólios e tudo que emperra a produção, coage a atividade comercial e a normalidade de nossa vida econômica. Em longa explanação, concluiu dizendo que "tudo isso há de completar uma atuação vigilante, inteligente, que o partido desenvolverá em benefício da prosperidade e da riqueza nacionais". Fez o elogio do candidato do partido, General Eurico Gaspar Dutra:

> O seu passado honroso de homem público é um penhor seguro da atuação clarividente e patriótica que Sua Excelência há de, por certo, desdobrar no sentido do cumprimento exato do programa do Partido Social Democrático.

Terminou fazendo o elogio do governo e do Presidente Getúlio Vargas, que "governou e governa o Brasil, sem ódios, sem perseguições".

Em seguida falou o vice-presidente do partido, Dr. Mário Tavares, que, entre outras coisas, disse:

> Aqui viemos consagrar o nome do cidadão insigne, General Eurico Gaspar Dutra, para ascender à Presidência da República e gizar as linhas basilares de um partido político nacional.

Depois de dissertar sobre o Partido Social Democrático, afirmou:

> Não erraremos asseverando que foi a chama do amor à pátria brasileira, a qual sempre ardeu devoradamente nos corações dos filhos das legendárias montanhas de Minas Gerais, chamados para, nos postos de governo, orientarem a marcha do grande Estado central, que sugeriu ao Governador Benedicto Valladares a forma inicial dessa elevada concepção. Benedicto Valladares foi, sem contradita plausível, o iniciador do movimento que tirou do caos o Partido Social Democrático e a candidatura do eminente General Eurico Gaspar Dutra.

Ele, o governador do estado de Minas Gerais, o proclamou, no seu notável discurso de Belo Horizonte, quando disse:

> As circunstâncias da hora presente, reflexo dos acontecimentos que abalam o mundo, conclamam os brasileiros para o serviço da democracia.

Minas, com o senso de oportunidade e com as imposições do seu civismo, não tergiversou em assumir a função patriótica que lhe cabe no seio da Federação. Fiel aos sentimentos dos mineiros e atuando com esta convicção, cuidamos de sentir de perto o pensamento do nobre povo do estado de São Paulo.

Para que pudesse auscultar a consciência cívica paulista, todas as possibilidades lhe foram abertas pelo ilustre Interventor Fernando Costa, cuja alma de patriota é como uma preciosa caixa de ressonância que acolhe e aumenta todas as notas de brasilidade que porventura lhe penetrem no recesso.

O ato do Governador Benedicto Valladares consultou as tradições que unem o estado de Minas Gerais e o estado de São Paulo, como o bracejamento gigantesco do mesmo galho, a distensão colonial da mesma raiz, o arqueamento formidável da mesma cordilheira; não é possível separá-los. Os fastos brasileiros seriam um livro sem sentido se, logo depois da página escrita pelos paulistas, não viesse a página ilustrada pelos mineiros.

Depois de falarem os Drs. Alcides Sampaio, Camilo de Souza Neves, Romeu José Fiori, Israel Pinheiro, a convenção foi encerrada com um rápido discurso de Cirilo Júnior, que, citando Carlyle, disse:

> Não só os obeliscos lavrados simbolizam no tempo a grandeza dos homens. Os penedos alpinos simbolizam também os que são simples, honestos, espontâneos, sem pretensões à grandeza, como Fernando Costa. Não lhe recusastes por isso a vossa significativa justiça.

117
Organização do Partido Nacional

Regulando o alistamento e as eleições, foi baixado o Decreto-lei nº 7.586, de 28 de maio de 1945, referendado pelo ministro da Justiça, Agamenon Magalhães, que determinava e regulava a criação de partidos de âmbito nacional. O ministro da Justiça nomeou uma comissão, da qual faziam parte elementos de alguns estados, para elaborar o programa e os estatutos da nova organização partidária. Tendo o governo de Minas sido convidado a se fazer representar, credenciei Carlos Luz e Israel Pinheiro.

Como a comissão estivesse demorando a concluir o seu trabalho, fui ao Rio e acordei com o Ministro Agamenon Magalhães a transferência dela para o meu apartamento na rua Raul Pompéia, 228. Sob minha presidência, a comissão composta dos representantes dos estados do Rio Grande do Sul, São Paulo, Pernambuco, Ceará e Minas Gerais, respectivamente, Cilon Rosa, Cirilo Júnior, acadêmico Barbosa Lima Sobrinho, Olavo de Oliveira e Israel Pinheiro, tendo como assessor o advogado-geral do Estado, Alcides Gonçalves, muito versado em lei eleitoral, concluiu a redação do programa e estatutos do Partido Social Democrático.

O programa já vinha sendo esboçado pelo membro da comissão, Barbosa Lima Sobrinho.

Muito cioso da autonomia dos estados, propugnei para que esta fosse a orientação do partido com relação aos diretórios regionais, o que não foi difícil porque o partido vinha sendo organizado da periferia para o centro.

118
Primeira Convenção Nacional do PSD

No dia 17 de julho de 1945, com o Teatro Municipal do Rio de Janeiro superlotado, platéia, camarotes, torrinhas, palco extravasando, abri a sessão, com estas palavras:

> Ao declararmos instalada a primeira Convenção Nacional do Partido Social Democrático, agradecemos a honra que nos foi conferida, como representante de Minas Gerais, de presidir a seus trabalhos.
> No decurso de nossa história política, Minas tem recebido as maiores demonstrações de confiança. Isto aumenta as nossas responsabilidades para com os Estados da Federação. Felizmente, desde o Império, Minas Gerais tem sabido corresponder a essas demonstrações, atuando com elevação na política nacional, visando aos interesses superiores da nacionalidade.
> Na prédica como na consolidação do regime republicano-federativo, não nos desviamos dessas diretrizes. A revolução de 1930, em que Minas teve atuação tão destacada, é a prova de não nos termos conformado com o desvirtuamento da forma de governo implantada no país pelas Forças Armadas em 1891, em perfeita consonância com a vontade do povo. As finalidades da revolução que tantos benefícios trouxe não serão plenamente atingidas nem se justificarão os sacrifícios feitos se não realizarmos, de fato, a democracia. A experiência nos demonstra ser isto impossível sem a necessária educação política.

A fundação de partidos nacionais concorrerá para esse fim, pois, tendo a sua direção fora do âmbito das competições regionais, que tanto avivam as paixões, os partidos poderão pairar em atmosfera mais alta de respeito mútuo. Os partidos nacionais representam, com a língua, a religião e a continuidade geográfica, um fator de coesão e unidade nacional. Não há prélio eleitoral fecundo sem senso de conduta cívica, sem espírito de transigência, sem serenidade em face do adversário sem obediência ao livre pronunciamento do povo. A luta entre os homens pelo triunfo de idéias se deve travar com as armas da persuasão e com a bravura do cavalheirismo. É a expressão mais alta da cultura cívica. Estes postulados estão inscritos no programa do Partido Social Democrático para a formação de seus quadros partidários. Darão autoridade a seus representantes para a defesa dos interesses da pátria.

Não lhe faltando fé nas forças espirituais que imprimem entusiasmo à ação dos homens, o Partido Social Democrático dá importância precípua aos problemas de nossa economia.

A atitude contemplativa diante das riquezas naturais significaria inferioridade do homem ante à grandeza da terra.

Se o capital e o trabalho são fatores fundamentais do progresso, torna-se indispensável que preparemos ambiente de confiança e otimismo realista para a sua natural expansão. Não podemos fazer diferenciação de conceito entre capital e trabalho. Na sua conjugação e harmonia é que reside a verdadeira vitalidade econômica dos povos. Se precisamos despertar confiança e dar segurança ao capital, igualmente necessitamos atender com justiça às condições e à remuneração do trabalho. Os trabalhadores devem ser considerados como eficientes colaboradores da grandeza da pátria. Não são somente os sentimentos de solidariedade que se reclamam para eles, mas o justo reconhecimento de que constituem uma das mais poderosas forças de nosso progresso.

Instruir o trabalhador para os seus variados misteres, não esquecer nele o homem com o amparo de sua vida, equiparando-se aos demais cidadãos, cercá-lo das considerações sociais necessárias a que sinta o calor da fraternidade no seio da comunhão, são imperativos a que não poderá mais fugir nenhuma nação na hora presente.

Ninguém ignora o esforço de alguns governos, notadamente o do Presidente Getúlio Vargas, para solucionar esses problemas. Podemos mesmo dizer que nos últimos quinze anos se operou neste particular uma verdadeira revolução. Os esforços, porém, se entravam, em grande parte, diante das dificuldades financeiras. Somente o ensino e a saúde pública consumiriam as verbas orçamentárias dos estados da Federação.

O problema brasileiro, pode-se dizer, está no desenvolvimento de suas fontes de riqueza, condição básica de progresso material e cultural.

Não nos escasseiam as virtudes dos povos civilizados, a começar pelo inato sentimento de justiça, garantia da ordem e trabalho. O espírito cristão faz do brasileiro um povo profundamente comunicativo e generoso, com sensibilidade para compreender, no grau mais elevado, os deveres da solidariedade humana. Nesse ambiente, o capital estrangeiro sente-se seguro, e o nacional pode expandir-se, na certeza de que terão rendimento compensador. O Partido Social Democrático se propõe a conceder-lhes estímulo e garantia, sendo esse critério um de seus postulados essenciais.

Tendo derramado o nosso sangue em terra estrangeira em defesa da soberania dos povos, já demonstramos de quanto somos capazes no serviço da pátria e da humanidade.

A hora não é de indecisões nem de desconfiança, mas de deliberação e caminhadas decisivas para o progresso, se quisermos aproveitar a posição que alcançamos, graças à sábia política do governo do Presidente Getúlio Vargas e ao valor dos brasileiros no campo de luta.

Para a realização de tal programa, precisamos, à frente do país, de um cidadão dotado de altas virtudes cívicas, de espírito objetivo e que ponha os interesses da nação acima de qualquer sentimento.

Inscrevendo, neste sentido, em seu programa, idéias claras e positivas, o Partido Social Democrático pode contar com o apoio dos brasileiros.

Não importa seja o capital nacional ou estrangeiro, desde que tenha em vista auferir justa remuneração, concorrendo desta maneira para o desenvolvimento econômico do país. O que nos oprime são as montanhas de ferro inaproveitadas, o subsolo com suas riquezas apenas vislumbradas, os tesouros guardados como se fôssemos avaros na sua contemplação, os rios a convocar, na voz das cachoeiras, a atividade humana, a rotina agrícola, o critério particularista e unilateral das vias de comunicação, fugindo à orientação da economia e da segurança nacionais.

A escolha do General Eurico Gaspar Dutra, feita na manifestação unânime das convenções estaduais, foi, portanto, oportuna, justa e patriótica.

Há unidade moral em sua vida de homem público, fundada na severidade da origem modesta e trabalhosa, na lição da vida prática, na sua vocação para a carreira militar, no exercício da qual vitalizou o civismo, disciplinou o hábito do trabalho, em que madruga todos os dias enrijou a bravura, ordenou e poliu o caráter e as virtudes que compõem e distinguem o cidadão e o patriota. Meditativo e singelo, vem servindo ao Brasil com patriotismo vigilante e contínuo, que se positiva nos atos do soldado e do político, em obras que atestam a eficácia de seus esforços construtivos. É refratário aos impulsos desordenados que, na conduta do homem público, são capazes de turbar o ritmo social, sem a constância do qual se desvia e desorienta a atividade evolutiva das nações. Isto não exclui, no entanto, a energia das suas decisões peremptórias, desde que sejam reclamadas pelo interesse geral. Nos altos postos que tem desempenhado com dedicação e espírito progressista as suas atividades militares e políticas se conjugam pela harmonia dos sentimentos da hierarquia com os de justiça, pelo sentido do trabalho tenaz com o senso inteligente dos problemas a solucionar.

Penetramos em uma época que se traça pelo imperativo da reconstrução. Necessitamos de ordem em seus aspectos materiais, morais e intelectuais. Precisamos de paz fecunda e propícia ao trabalho de normalização política, jurídica e administrativa. As paixões que se desataram no mundo já completaram sua obra destruidora, já fizeram a humanidade passar pelos momentos angustiosos do sangue, do suor e da lágrima, segundo a expressão exata do estadista. O momento convoca, pois, os cidadãos aptos a interpretar e realizar, no plano político, a aspiração universal de paz e de trabalho.

Movido por esses sentimentos e aspirações, que foram o ideal do Continente, tão bem definido pelo pensamento e pela ação dos Estados Unidos da América, foi que o Partido Social Democrático entendeu de ir buscar nas fileiras de nossas Forças Armadas o nobre cidadão e bravo soldado, que é o General Eurico Gaspar Dutra, para indicá-lo aos nossos patrícios como candidato à Presidência da República.

Estamos convictos de que o povo homologará esta indicação, feita sob as mais altas inspirações de patriotismo e com confiança e fé na grandeza do Brasil.

Falaram ainda Mário Tavares, Álvaro Maia, Oscar Fontoura, Barbosa Lima Sobrinho e Júlio Müller, representando, respectivamente, os estados de São Paulo, Amazonas, Rio Grande do Sul, Pernambuco e Mato Grosso. Em nome do operariado, discursou Manoel Antônio Fonseca.

O convencional Nereu Ramos apresentou a seguinte moção de apoio ao Presidente Getúlio Vargas, aprovada por unanimidade:

> O PSD, no decorrer de sua solene convenção, afirma solidariedade e decidido apoio ao Sr. Presidente Getúlio Vargas, a cuja obra de governo e orientação política deve o Brasil, de par com a sua paz social, o período mais assinalado de sua grandeza e expressão internacional.

119
Eleição do Diretório Nacional do PSD

Realizou-se, na sede do Partido Social Democrático, a reunião do Conselho Nacional, sob minha presidência, sendo discutido e aprovado o parecer da comissão nomeada para estudar a situação dos territórios.

O conselho passou a deliberar sobre a eleição da Comissão Diretora. Por proposta do representante de Mato Grosso, Júlio Müller, foram aclamados Benedicto Valladares, Fernando Costa, Agamenon Magalhães, Ernani do Amaral Peixoto, Pinto Aleixo, Ismar de Góes Monteiro, Álvaro Maia e Henrique Dodsworth, representantes, respectivamente, dos estados de Minas Gerais, São Paulo, Pernambuco, Rio de Janeiro, Bahia, Alagoas, Amazonas e do Distrito Federal.

Em nome dos recém-eleitos agradeci a honra com que havíamos sido distinguidos e encerrei a sessão, marcando uma reunião da Comissão Diretora para eleição do Diretório Central.

Reunida a Comissão Diretora, por proposta de Barbosa Lima Sobrinho foram aclamados os seguintes nomes: presidente, Getúlio Vargas; 1º vice-presidente, Benedicto Valladares; 2º vice-presidente, Fernando Costa. Debaixo de aclamações e palmas, falaram os vice-presidentes que acabavam de ser eleitos. Em outra reunião da Comissão Diretora seriam eleitos os demais membros do Diretório Central.

Finalmente, Oscar Fontoura propôs um voto de aplausos ao Diretório Central provisório pelos relevantes serviços prestados na organização partidária e na realização da Convenção Nacional.

Os membros da Comissão Diretora foram comunicar ao Presidente Getúlio Vargas e ao General Eurico Dutra o resultado da reunião. O presidente não deu a menor importância à sua eleição, pois já estava com a idéia do Partido Trabalhista Brasileiro, que ajudei a fundar em Minas Gerais.

120
A luta política

Iniciou-se em Belo Horizonte a luta política pela candidatura do General Dutra.

Ao comício realizado na Praça Rio Branco, em frente à Feira de Amostras, compareceram dezenas de milhares de pessoas, tornando a praça completamente lotada pela compacta multidão. Falaram diversos oradores. Na impossibilidade de referir todos nesta pequena obra, farei um resumo do meu e do discurso do General Dutra.

Dissertei sobre as transformações por que estavam passando os regimes políticos e concluí:

> Há, entretanto, princípios que são fundamentais e imutáveis na democracia brasileira. A primazia dos valores do espírito, o culto da família, a fé religiosa, a prática da justiça, o sentimento da fraternidade humana, a segurança dos direitos individuais ressalvados os deveres do cidadão para com a coletividade. Tal o conceito brasileiro de democracia, tal o programa do Partido Social Democrático. As idéias políticas, porém, valem pouco se não forem traduzidas em realidades. Não desejamos criticar os homens do passado, nosso propósito é servir ao presente e engrandecer o futuro.
>
> A escolha do candidato à Presidência da República, em qualquer tempo, é assunto de importância máxima. Na hora tormentosa em que vive-

mos, o problema se reveste de aspectos difíceis, pois não é possível fazer experiências nem tentar improvisações.

No quadro dos homens públicos da nação, Minas civilista foi lembrar um militar. A escolha foi feita com criterioso e assentado senso político. Se carecíamos de uma alma de soldado para enfrentar os problemas desta hora, menos necessário não era um cidadão dotado de certas virtudes para sentir as angústias, conhecer as dificuldades e compreender os sofrimentos de seus compatriotas. Os grandes homens sintetizam as virtudes típicas da coletividade de que emergem.

A vida do General Eurico Dutra é uma coordenação de ações que mostram serenidade, bravura, desprendimento, consagração à sua pátria.

Discorri sobre a carreira militar do General Dutra, citando as opiniões dos Generais Bertoldo Klinger, Góes Monteiro, Jorge Pinheiro, Tasso Fragoso, Gil de Almeida, Mena Barreto, Azeredo Coutinho e Mariante, para terminar:

> Eis aí, senhores, a opinião do Exército Nacional sobre este eminente homem, que honra e dignifica a sua farda.
>
> Como Ministro da Guerra, que foi até ontem, a sua atuação é bem conhecida de todo o país. Ela se desdobrou em duas diretrizes: a do espírito de organização e a do espírito cívico, tendo demonstrado, no estilo sem estrépito de sua energia silenciosa, a alma de um grande cidadão e a eficiência profissional de um nobre soldado. A defesa de nossa soberania, desrespeitada nos mares litorâneos, esteve sob a sua direção militar, e todos sabemos que foi ele o inspirador, o animador, o organizador dessa Força Expedicionária que, nos campos de luta em terras da Itália, elevou o nome da pátria com a bravura da mocidade brasileira e da brilhante oficialidade que a comandava.
>
> Se a sua atuação é discreta, os fatos, como vistes, dizem bem alto de sua eloqüência patriótica. O seu nome está escrito nos atos de sua existência, e a sua vida está informada pelo amor da pátria, pela confiança na paz entre os homens, pela crença em Deus. Contaram os seus camaradas mais ilustres o que ele tem sido, no bronze de elogios imperecíveis, os quais hão de elevar a sua vida como uma expressão de culto votivo à grandeza do Brasil. E ele é tão simples em sua carreira, tão brilhante, que pensa de

si mesmo como se fora uma criatura singela de nossos sertões longínquos, onde nasceu. Ele disse de si próprio: 'Sou no fundo da alma um sertanejo que ama o recolhimento e o silêncio.'

É de fato recolhido e silencioso. Mas foi nesta reserva e neste recolhimento que Minas foi buscá-lo para sugerir-lhe o nome como seu candidato à mais alta magistratura da nação.

É que podemos dizer sinceramente que nós, mineiros, fomos movidos, nesta escolha, por misteriosas afinidades morais e políticas, que marcam e definem o caráter e a vocação cívica do homem que vive no interior do Brasil, que sente seus panoramas humanos e grandiosos na força da terra, na bondade dos sertanejos, na paz fecunda do trabalho anônimo do nosso povo, bom, justo e pacífico.

Eis aí o cidadão e o soldado, irmanados num conjunto de qualidades excepcionais, que Minas deseja elevar à Presidência da República.

Mineiros!

Os vossos votos serão, nas urnas, o julgamento definitivo deste bravo soldado, deste nobre cidadão.

O General Eurico Gaspar Dutra proferiu belo e aplaudido discurso, de que transcrevo estes trechos expressivos:

Nenhuma oportunidade mais honrosa e mais feliz ser-me-ia dado aspirar que esta de dirigir-me ao povo mineiro de uma das praças desta formosa capital, na qualidade de candidato à mais alta magistratura da República. Creio que já será difícil a quem quer que seja descobrir novos motivos de louvores a Minas. Louvores, não apenas da riqueza do solo e subsolo à beleza das montanhas, à doçura sedativa do clima, à clara inteligência de sua gente, ao grave senso de ordem e equilíbrio, a que se referiu um dos seus grandes líderes republicanos, às virtudes domésticas, ao ânimo calmo e decidido, mas igualmente às suas tradições históricas e, sobretudo, ao extraordinário sentido que, pela sua própria situação geográfica e sua peculiar formação social, guarda na vida do país. Nenhum brasileiro haverá que possa fugir desde os primeiros contatos com esta generosa terra à impressão de que se encontra realmente num centro moral e político da grande pátria comum. O Brasil surgiu para o mundo num trecho do seu extenso litoral. Iniciou-se, pois, a marcha da sua civilização, marcha ainda tão distante da etapa final, das praias para os vastos e por tantas vezes inóspitos sertões. Mas foi, de certo, em Minas, quando se abriu o 'ciclo de ouro e diamantes', e ao novo Eldorado afluíram as correntes ainda indefinidas da vida nacional, para ali se caldearem, que ela procurou a forma que a caracterizou no conjunto das outras civilizações cristãs e das outras civilizações americanas. Daí a verdade psicológica que se encerra numa velha imagem retórica: quando falamos das montanhas mineiras nossa voz adquire maior ressonância em todo o país, dando-nos a impressão de que de suas alturas se alongam indefinidamente os nossos horizontes visíveis...

Iniciando a minha campanha política neste estado, obedeço, assim, como a um imperativo de ordem moral. Outros motivos no entanto trouxeram-me ao vosso convívio; foi o vosso ilustre governador que, interpretando o desejo das forças majoritárias do país, deu conhecimento aos brasileiros da indicação do meu nome a esse posto a que jamais aspirei e que, se representa a maior honra a coroar a vida de um brasileiro, significa também a mais dura prova a que pode sujeitar-se o seu patriotismo. Desejo, pois, antes de tudo, agradecer-vos a confiança que, por intermédio do vosso governador, depositastes em mim. Eu vos afirmo sob a minha fé de cidadão e de soldado que tudo farei, com o auxílio de Deus, para não desmenti-la nunca.

Falou da continuidade da ação dos governos, que não pode implicar esquecimento das lições do passado nem desdém dos valores incorporados ao patrimônio coletivo. Elogiou as virtudes do povo mineiro, firmadas em Minas com a cruz de Cristo pelos audazes bandeirantes.

Versou o problema constitucional, defendendo a necessidade de ter sido, naquela época, adotada a Constituição de 1937.

Agora é imprescindível que a fixação dos termos da Constituição saia do terreno da dúvida e da controvérsia, que se inaugure para nosso povo, sob seguras bases ideológicas e de princípios, um definitivo estado de direito.

Deteve-se no assunto, concluindo:

> Uma grande conquista inicial já se afirmou em nosso caminho de retorno aos governos de poderes limitados: a formação dos partidos de âmbito nacional. A tentativa, tantas vezes frustrada na história da República, pôde, desta feita, converter-se em auspiciosa realidade. E isto porque os brasileiros se convenceram, pela experiência do passado e pelos ensinamentos que lhes vêm de outros povos, que somente através dos quadros de disciplina dos grandes partidos, com seus nítidos programas ideológicos e os seus planos de realizações objetivas, é possível visionar e procurar concretizar os problemas fundamentais da política e da economia nacional. Nem aqui, nem na opulenta e admirável democracia norte-americana, ou em qualquer outra República, a Federação poderia ser um estorvo do florescimento dos partidos nacionais, que não implicam em sacrifícios da autonomia política e administrativa dos estados e nem o das características regionais, sempre tão interessantes e tão úteis. Se têm os mineiros os seus problemas peculiares, como os têm, por exemplo, os paraenses, os pernambucanos, os baianos, os paulistas ou os gaúchos, são idênticas para todos eles as questões que interessam à vida do conglomerado brasileiro. O nosso partido, cujas idéias capitais encontram feliz expressão simbólica no seu próprio nome — Partido Social Democrático — já levou ao vosso conhecimento, como ao de todos os brasileiros, o programa que se traçou, com o meu expresso apoio.

Elogiou a obra do Presidente Vargas no que tange à previdência e assistência social do trabalhador, consubstanciada nas nossas leis trabalhistas.

> Para amparar e engrandecer o trabalhador, cumpre-nos fomentar o capital. E aqui cabem as judiciosas palavras do governador Valladares: "Se o capital e o trabalho são fatores fundamentais do progresso, torna-se indispensável que preparemos ambiente de confiança e otimismo realista para a sua natural expansão. Não podemos fazer diferenciação de conceito entre capital e trabalho. Na sua conjugação e harmonia é que reside a verdadeira vitalidade econômica dos povos. Se precisamos despertar confiança e dar segurança ao capital, igualmente necessitamos atender com justiça às condições e à remuneração dos trabalhadores."

Tratou do problema da educação, das colônias-escolas e da densidade demográfica.

No que respeita a Minas, falou da necessidade das grandes linhas de transporte e da estruturação do seu sistema rodoviário e ferroviário. Falou no prolongamento e eletrificação das estradas de ferro, abordou todos os problemas da administração, inclusive das estâncias hidrominerais.

Elogiou o governo de Minas pela construção das centrais elétricas, eletrificação e prolongamento da Rede Mineira de Viação.

Abordou o problema da pecuária e agricultura, para concluir: "Falar aos mineiros de problemas agropecuários é dirigir a palavra a uma população que vive, na sua quase totalidade, no labor dos campos, e assim constrói a base mais sólida de nossa riqueza."

A campanha continuou em todos os estados da Federação, embora com certo desânimo devido à frieza do presidente da República, que gozava de grande prestígio.

Fiz-me representar por Israel Pinheiro nos comícios dos estados do Rio Grande do Sul, Paraná e Santa Catarina, e por Noraldino Lima, no de São Paulo.

121
O Golpe de 1945

A candidatura do General Dutra começou a esvaziar-se. De todos os estados chegavam notícias desalentadoras. Fui ao Rio saber o que se passava. Lá me informaram, com absoluta segurança que, nos meios militares, se cogitava, seriamente, da deposição do Presidente Getúlio Vargas. Dirigi-me ao Guanabara e falei ao presidente:
— O senhor vai ser deposto.
Arregalou os olhos e perguntou:
— Quem lhe falou?
— Infelizmente não posso dizer, mas é informação segura.
— Procure o Dutra.
Fui à casa do General Dutra e lhe expus o que sabia, sem citar nomes.
— Vou correr os comandos, depois passarei em sua casa.
Anoitecendo, o General Dutra chegou ao meu apartamento, dizendo:
— Por enquanto não há nada, mas diga ao presidente para ter cautela.
Fui ao Palácio e dei conta do recado.
— Presidente, fique com a candidatura do General Dutra, foi seu ministro da Guerra e o senhor não tem outra solução.
Com calma, respondeu:
— Vamos lançar seu nome.
— Agora, quando estão postas candidaturas de dois militares, é que o senhor se lembra disto?

Conversamos sobre outras coisas, despedi-me e regressei a Belo Horizonte.

Lá me estava esperando o Bispo de Guaxupé, meu prezado amigo D. Hugo Bressane.

Convidei-o a almoçar no Palácio.

Depois do almoço fomos visitar a Cidade Industrial.

De volta, precisamente às quinze horas, fui atender a um telefonema interurbano. Era o General Dutra.

— Valladares, você sabe o que está acontecendo?

— Não.

— O Getúlio nomeou o Benjamim Vargas chefe de polícia; o Góes pediu exoneração, mas eu não concordo, estou-me fardando e vou para o ministério botar a tropa na rua. Qual é a sua atitude?

— Estou com o senhor.

— Então chame o Araripe aí e converse com ele.

Chamado com urgência, o Coronel Alencar Araripe não se fez esperar.

— Coronel, acabo de receber telefonema do General Dutra dizendo que o Exército vai depor o Presidente Getúlio Vargas. Ele deseja saber qual é a sua posição.

— Governador, depor o Presidente Getúlio? Será possível?!

— É o que me disse o General Dutra.

O coronel refletiu um pouco e respondeu:

— O senhor dá licença para eu ir ao quartel?

— Pois não.

Daí a quinze minutos voltava, dizendo que estava tudo resolvido.

— E de mim, o que é que o senhor deseja?

— Apenas que me dê meios de transportar meu regimento para Juiz de Fora.

Ônibus e caminhões foram providenciados com a máxima rapidez e, nesse mesmo dia, o regimento saiu de Belo Horizonte.

Publiquei a seguinte nota, dando satisfação ao povo mineiro, em cujo nome deliberava:

São notórias as circunstâncias que nos levaram, no processo de democratização do país, a articular forças políticas em prol da candidatura do eminente general Eurico Gaspar Dutra à presidência da República. Soldado ilustre e probo, cidadão de elevadas virtudes, cuja bravura e patriotismo responderam pelo êxito de nossas armas na Europa, na luta contra o fascismo, o general Eurico Gaspar Dutra seria penhor de que a República haveria de se democratizar, rápida e seguramente, e a nação poderia retomar o seu trabalho pacífico. Sabe, agora, o povo de Minas Gerais, que todos os recursos foram empregados para frustrar os nossos esforços em favor de eleições livres, de uma campanha pacífica e da instauração de um regime de plena vigência da vontade popular. O Exército Nacional, em face dos últimos acontecimentos, assumiu patriótica atitude, em consonância com as suas tradições, colocando-se ao lado da nação, pela ordem, pela liberdade e pela manutenção dos sagrados compromissos assumidos para com o povo. Permaneceremos decididamente ao lado das Forças Armadas e ao lado da nação, como sempre estivemos, ao lado, enfim, de todos quantos desejam a segurança e a prosperidade da pátria, sob o império da verdadeira democracia. Estamos seguros de que o povo de Minas Gerais, cujas acendradas virtudes sempre se colocaram a serviço do Brasil, e que sempre nos deu o seu decidido apoio, não nos faltará nesta hora de grande transcendência para a pátria.

Horas depois chegava a informação de que tinha sido deposto o Presidente Getúlio Vargas, que seguira para o Rio Grande do Sul, e empossado seu substituto legal, o Presidente do Supremo Tribunal Federal, Dr. José Linhares.

Estavam reunidos no Palácio meus auxiliares, que nesta época eram: chefe de gabinete, João Quadros; assistente militar, meu amigo e competente oficial Coronel José Coelho de Araújo, havia deixado o cargo há pouco; secretário das Finanças, Edson Álvares da Silva; Educação, Christiano Monteiro Machado; Agricultura, Lucas Lopes; Viação e Obras Públicas, Dermeval José Pimenta; Interior, Celso Porfírio Machado; chefe de polícia, Luiz Martins Soares; diretor da Imprensa Oficial, Emílio Guimarães Moura; diretor da Saúde Pública, professor Oto Pires Cirne, que havia substituído o Dr. José Alves Castilho Júnior, ambos já falecidos e dos quais guardo as melhores recordações; prefeito da Capital, Juscelino Kubitschek de Oliveira e comandante da Força Policial, Coronel Cândido Saraiva da Silva. Comuniquei-lhes:

— Vou tomar o avião para o Rio e não sei se voltarei ao governo.

O bravo e leal comandante, Coronel Saraiva, disse-me:

— Então telefone, pois não entrego o governo sem ordem do senhor.

122
Meus amigos de Minas

Tomei o avião para o Rio. Lá chegando, procurei o General Dutra, que se encontrava na casa do ministro da Guerra, General Góes Monteiro, para onde me dirigi. Logo que entrei começaram a discutir minha saída do governo de Minas, exigida pela Presidência da República. O General Góes Monteiro não se mostrava satisfeito com esta solução, o General Mendes de Morais era contra e o General Dutra nada dizia.

Surpreendido com esta deliberação, fui para casa aguardar os acontecimentos.

Mais tarde fomos chamados, eu e o General Dutra, pelo ministro da Justiça, Dr. Sampaio Dória.

— Governador Valladares, o senhor precisa deixar o governo de Minas.
— Deixar por quê?
— Então, fizemos uma revolução e continua tudo na mesma?...
— O senhor não fez revolução nenhuma. Se a revolução não triunfasse, o senhor estaria tranqüilo em sua casa e o mesmo não aconteceria comigo e com o General Dutra.

Ficou muito ressabiado. O General Dutra permaneceu calado e nos despedimos, sem que nada ficasse resolvido.

À noite fomos chamados ao Palácio do Catete. Lá o Presidente Linhares me disse:

— Governador Valladares, o senhor está me criando um caso militar no começo do meu governo. Concorde em sair e nomearei quem o senhor quiser.

— O senhor nomeia quem eu quiser?

— Nomeio.

— Então pode nomear o Ovídio Xavier de Abreu.

O presidente mandou lavrar imediatamente o ato e o assinou em nossa presença.

Despedimo-nos e conduzi o General Dutra a sua casa, sem que ele quebrasse o seu silêncio.

Estava em meu apartamento com o Desembargador Romão Cortes, quando o rádio noticiou a nomeação de Ovídio de Abreu, e, minutos depois, a do Desembargador Nísio Baptista de Oliveira, presidente do Tribunal de Justiça de Minas Gerais.

Fiquei perplexo. Dirigi-me à casa do General Góes. Contei-lhe o fato, esclarecendo que eu tinha outros nomes, o do próprio Desembargador Romão Cortes de Lacerda, mas que o Nísio Baptista, apesar de magistrado íntegro, era estranho aos problemas políticos.

— Espera aí.

Foi ao telefone e ligou para o Presidente Linhares; daí a pouco voltou, retomou seu trabalho, dizendo-me:

— Valladares, você escolheu um militar estranho para candidato à presidência da República. Ele só conta com você e, no entanto, procede desta maneira...

Agradeci ao ministro e voltei para meu apartamento, de onde telefonei ao comandante Coronel Saraiva que não dificultasse a posse do interventor nomeado.

E dormi mal a noite, pensando nos meus amigos de Minas.

A respeito do assunto, transcrevo honrosa carta de Gastão Vidigal:

São Paulo, 6 de novembro de 1945.
Meu caro Governador,

Tendo-o acompanhado, desde o primeiro momento, nos esforços que fez para encaminhar à solução conveniente o problema da sucessão presidencial, não quero deixar de dizer-lhe, neste momento, quanto me foi dado apreciar o seu espírito público e o seu sincero desejo de devolver o Brasil às suas tradições democráticas.

A transformação política de que, como conseqüência, resultou o seu afastamento do governo de Minas, se o fere pessoalmente, atingindo aquele que mais para ela concorreu, não pode arrebatar-lhe a vitória de haver possibilitado, com o afastamento do Presidente Vargas, a realização das aspirações do povo brasileiro.

Haverá eleições e a vontade da nação se manifestará.

Pretender que vitória seja apenas a eleição do candidato por que nos batemos corresponde a limitar a muito pouco a patriótica ambição que foi a preocupação máxima da campanha: impedir que se retardassem ou ilidissem os legítimos anseios brasileiros.

Essa vitória foi alcançada.

Respeitável será a atitude que o meu prezado Amigo venha a adotar, como conseqüência da injustiça dos acontecimentos.

Não posso, porém, deixar de dizer-lhe que só compreenderei — porque condizente com a sua fibra de lutador e chefe — mesmo vencidos, se esta for a hipótese, a elevação de nossos propósitos e a nossa indefesa convicção do acerto da orientação que esposamos.

Receba, com o meu cordial abraço, a expressão de minha solidariedade e de minha desvaliosa mas leal amizade.

Amigo muito atento e grato.

123
Ainda meus amigos de Minas

No outro dia apareceu em meu apartamento o Dr. Oscar Fontoura com um recado do Presidente Getúlio para mim e Agamenon Magalhães: apoiaria qualquer candidato, menos o General Dutra.

Mandei chamar o General. Veio, em companhia de Mello Vianna. Narrei-lhe o que estava acontecendo.

— Vamos tocar para a frente.

— Não, general, sem o apoio do Presidente Getúlio o senhor vai sofrer esmagadora derrota.

— Não tem importância, vou para casa e visto o meu pijama.

— Para mim tem muita importância, pois devo salvaguardar os meus amigos de Minas. Neste caso vamos para o Eduardo Gomes; assim eles não ficarão desamparados.

— Isto não.

— General, apelo para o senhor, sem o Presidente Getúlio a derrota será certa. Não posso ir para uma eleição sabendo que vou sacrificar os companheiros.

Emocionei-me ao dizer estas palavras.

— Então, faça o que você quiser — aquiesceu o General Dutra.

Mello Vianna interveio:

— Eu fico com o senhor.

O General Dutra despediu-se; antes, porém, eu perguntara.
— Posso, então, coordenar outro candidato?
— Pode.

Pensei num paulista, seria mais fácil a eleição. Depois de combinar com Agamenon Magalhães, fui à casa do Embaixador José Carlos de Macedo Soares. Encontrei o maior desinteresse pelo assunto. Saí aborrecido e sem nada dizer ao General Dutra nem ao Agamenon, parti para Minas. Hospedei-me em casa de meu genro, João de Lima Pádua, e iniciei imediatamente a campanha da candidatura Dutra.

Estando na presidência do Partido Social Democrático, telegrafei a todos os presidentes de diretórios regionais dos estados. Agamenon Magalhães, vendo minha atitude, insistiu com o Presidente Getúlio e conseguiu seu apoio à candidatura do general, que venceu no estado, apesar da derrubada de todos os secretários, delegados de polícia e prefeitos municipais, por cento e cinqüenta e tantos mil votos, e, no país, por mais de um milhão. Elegemos ainda, em Minas, vinte e dois constituintes que participaram da elaboração da Constituição de 1946.

124
O resto é silêncio

Ao terminar este livro, olho com tristeza para o que se tem passado no Brasil.

Democrata por índole e educação, tendo vivido no meio do povo desde criança, sentindo-lhe as dificuldades e angústias, num país de riquezas inaproveitadas ou logradas apenas por alguns, invade-me grande desalento.

Sou, entretanto, despertado nesta tarde fria por um raio de esperança; Deus continuará a inspirar aqueles que trabalham pelo restabelecimento da grandeza e da dignidade do país.

No Planalto Central, sem o canto amenizador dos pássaros, ouvindo o vento uivante, fecho as janelas e repito com o poeta: "O resto é silêncio."

*O texto deste livro foi composto em Sabon,
desenho tipográfico de Jan Tschichold de 1964
baseado nos estudos de Claude Garamond e
Jacques Sabon no século XVI, em corpo 11/15.
Para títulos e destaques, foi utilizada a tipografia
Frutiger, desenhada por Adrian Frutiger em 1975.*

*A impressão se deu sobre papel off-white 80g/m²
pelo Sistema Cameron da Divisão Gráfica
da Distribuidora Record.*

Seja um Leitor Preferencial Record
e receba informações sobre nossos lançamentos.
Escreva para
RP Record
Caixa Postal 23.052
Rio de Janeiro, RJ – CEP 20922-970
dando seu nome e endereço
e tenha acesso a nossas ofertas especiais.

Válido somente no Brasil.

Ou visite a nossa *home page*:
http://www.record.com.br